PROBLEM SOLVING WORKBOOK

入社1年目から差がつく

問題解決練習帳

グロービス［著］

岡 重文［執筆］

東洋経済新報社

まえがき

● 「問題解決」ができる人とは?

　本書で紹介する思考の技術は、十数年の間、社会人のみなさんとクラスの場で多くの演習、並びにディスカッションをする中で見えてきたものです。「つい陥ってしまう思考の罠」や、逆に、「ちょっと意識しておくだけで成果が大きく違ってくるポイント」です。「問題解決」ができる人は、実はこうしたちょっとした「罠」や「ポイント」をしっかりと理解し、思考できる人たちです。

　本書では、「問題解決」に初めて触れる人、これから社会人生活をスタートさせるひとへ向けての入門書です。当たり前のことではあるものの、意外に難しく、そして実は重要……そんなポイントを20個、ピックアップしました。

● 「問題解決」は、「型」を身につけることが何よりも大事

　問題解決には、「型」があります。「型」は身につけるまでは窮屈なものです。ただ、一度身につければ、「型」が基本となりますので、成果が安定してきます。そして、「型」を繰り返すことでスピードをもって、判断ができるようになってきます。

　そこで、本書では、その型を身につけられるよう、CHAPTER 1 から CHAPTER 4 は、その手順に沿って説明をしていきます。どのような手順で考えればよいのかが学べます。そして、CHAPTER 5 では、その手順に沿って上手く思考を進めていくためのポイントを紹介します。全体は5つの章で構成しています。

・CHAPTER 1 は、「何を扱うのか『問題』を考える」

　「問題解決」の出発点になります。「問題」をどのように考えればよいのか、「問題解決」をスタートさせるために必要なことを学びます。

・**CHAPTER 2**は、「何が見えているのか『事象』を考える」

　後の工程の精度を決める重要なプロセスになります。「何が起こっているか」を丁寧に見極めるためにどうすればよいかを学びます。

・**CHAPTER 3**は、「なぜそうなるのか『理由』を考える」

　理由（なぜ）をしっかり根拠づけることは実は難しいことです。対策につながる大切な理由をどう考えればいいのかについて学びます。

・**CHAPTER 4**は、「何をすればいいのか『解決策』を考える」

　最終段階のプロセスです。問題解決は、この対策を考えるためにあります。最後の結論としての対策をどのように考えればよいのかについて学びます。

・**CHAPTER 5**は、「上手く進めるための『工夫』を考える」

　「手順」であることの難しさとそれゆえに実際についやってしまいがちな留意点について紹介し、問題解決のプロセスに沿って上手く思考を進めるためのポイントを学びます。

　【問題】→【事象】→【理由】→【解決策】→【工夫】と順に理解を進められる流れになっています。

● 頭でわかっていても実践できなければ意味がない

　ひとつひとつの思考技術は、いずれも基本的なことです。読んでしまえば、当たり前のことと感じる方も少なくないでしょう。ただ、基本的なことは、得てして、頭ではわかっているけど、いざやってみようとするとできないものです。そこで、本書ではわかることとできることを少しでも近づけていくために、3つのステップで理解を進められるようにしました。

　まず、どのように考えればよいのかを例題と共に解説をしています。また、どのように頭を使っていけばよいのかを手順化して示しています。基本となる考え方についての理解と方法を押さえてください。

次に、「演習問題」を用意しました。例題を通じて、頭で理解できたことを、自分の頭を使って、実際に考えてみることができるようになっています。読み進めてしまうのではなく、たとえ、1分でも2分でも、ちょっと考えてみることをお勧めします。

最後に、さらに理解を進めるために、関連するポイントや発展させた考え方を紹介しています。

● 自分の思考を客観視することを意識しよう

本章に入っていく前に、そのすべてに共通する大切な頭の使い方を紹介しておきましょう。それは、「自分自身の考え」に対して、客観視して捉えなおすことができるということです。言わば、もう1人の自分を出現させて、自分の思考に対して、きちんと評価をさせるというイメージです。「メタ（高次の）認知」という言い方などもされます。普通に思考をしているレベルから、次元を上げて、俯瞰的に物事を捉えることと理解をしてください。

このメタ的な頭の使い方ができると、自分の思考に対して、自身でフィードバックをいれることができます。そうすることによって、自分自身の思考の質を高めることができます。また、相手がいる場においても「その場」で議論している自分と、その場で何が起こっているのかを客観的に理解しようとするもう1人の自分を置くことができます。その結果、議論の背景の理解や、そもそも論じる点が何なのかなどを考えやすくなります。

得てして、人は、自分自身が何を考えているかがわかっていないものです。意識的に、もう1人の自分を育て、自分自身の思考をチェックさせられるようになることが、「問題解決」を身につける近道になります。

ここからは、もう1人の自分を育てながら、20の技術を見ていきましょう！

自分自身の思考を客観視できるもう1人の自分を育てる！

CONTENTS

まえがき ……… 001

何を扱うのか「問題」を考える ……… 007

LESSON 01 　あるべき姿、ありたい姿を考える ……… 008
LESSON 02 　何を問題とするかを考える ……… 017
LESSON 03 　本当に起こっているのかを確認する ……… 024
LESSON 04 　数字を見る前に考える ……… 030

何が見えているのか「事象」を考える ……… 039

LESSON 05 　分析を始める前に、ひと工夫する ……… 040
LESSON 06 　足し算型で分解する ……… 050
LESSON 07 　掛け算型で分解する ……… 058
LESSON 08 　未来の事象を分解する ……… 064

なぜそうなるのか「理由」を考える ……… 073

LESSON 09 　安心して、次に進む ……… 074
LESSON 10 　事象の関係性を視覚化する ……… 083
LESSON 11 　理由を根拠づける ……… 093
LESSON 12 　未来に対して根拠をもつ ……… 100

何をすればいいのか「解決策」を考える ……… 111

LESSON 13 　選択肢を出す ……… 112
LESSON 14 　評価軸を出す ……… 124
LESSON 15 　決め方を決める ……… 131
LESSON 16 　決めるために準備する ……… 139

上手く進めるための「工夫」を考える ……… 149

LESSON 17 　2つの数字を意識する ……… 150
LESSON 18 　思考の軌跡を地図にする ……… 160
LESSON 19 　メモを残しながら進む ……… 169
LESSON 20 　起こったことから判断する ……… 178

卒業試験 ……… 188
あとがき ……… 193
参考図書 ……… 194

CHAPTER 1

何を扱うのか
「問題」を考える

ビジネスでは、様々な「問題」が発生します。「問題」であるため、早くその問題を解決したいと考えるのも自然なことです。ただ大切なことは焦らないこと、「急がば回れ」です。このCHAPTERでは、そもそも「問題」とは何なのか、問題そのものについての考え方を整理します。また、「問題」をどう認識すればよいのか、複数存在する「問題」をどう扱っていけばよいのかについても理解を深めます。さらに、「問題」を解いていく前に考えておかなければならないことについて学びます。

あるべき姿、ありたい姿を考える

LESSON 01

「あるべき姿と現状のギャップが問題である」。問題解決の出発点として、よく言われることです。では、「あるべき姿」「現状」「ギャップ」は、具体的にどのように考えればいいのでしょうか。また、あるべき姿とありたい姿は、何が違うのでしょうか。

2つの店舗のある月の売上が、 表1 のようになっています。A店の売上は80万円。B店の売上は60万円。さて、どちらの店舗が問題を抱えていると言えるでしょうか。

表1

	A店	B店
売上	80万	60万

この情報だけから判断しようとすると、「B店の方がA店と比べて売上が低い」という理由で、B店に問題があると判断できそうです。B店の売上が60万円にとどまっている理由を調べる、もしくは、A店と比べてなぜ売上が低いのかその原因を考えていくことになりそうです。

では、 表2 の状況であれば、A店とB店、どちらに問題がありそうでしょうか。

表2

	A店	B店
売上	80万	60万
目標	120万	80万

　表2 には、目標とする売上が追加されています。売上目標との差は、A店が40万円、B店が20万円となっており、A店の方が差額が大きくなっています。また、目標に対して、どこまで達成できているかという視点で、達成率を計算してみます。A店の達成率は、80万円（売上）÷ 120万円（目標）＝約0.67、B店は60万円（売上）÷ 80万円（目標）＝ 0.75と、達成率も、A店の方が低くなります。

　したがって、売上目標に対する差分がA店の方が大きく、かつ、達成率もA店の方が低いという理由で、A店が問題が大きいと考えることができそうです。

　ここでわかってきたことは、**現状がどうなっているかだけでは、問題かどうかは判断ができないということです。あるべき姿（目標）があって、そのあるべき姿に対して現状がどういう状況であるのかと対比することで、問題が明らかになってきます。**

　では、別の2店舗、C店とD店の売上と目標が、 表3 のようになっていたとしたらどうでしょう。どちらの店舗が問題を抱えているか考えてみましょう。

表3

	C店	D店
売上	95万	90万
目標	100万	100万

　今度は、目標額は同じです。目標に未達だったという意味では、C店、D店共に問題があると考えることもできます。もしくは、C店は、未達とは言え、目標まであと5万円であること、一方で、D店は、目標まで10万円の差があるため、未達の度合が大きいという理由で、D店を問題ありと考えることもできるでしょう。

ここでわかってきたことは、あるべき姿（目標）があるだけでは十分でなく、何をもって問題とするかの定義が必要ということです。

　問題があること＝「目標に未達であること」とすれば、C店もD店も両方が、問題があるということになります。問題があること＝「目標に対して、5万円以上未達」とすれば、D店が問題ありということになります。

　問題は、現状だけではなく、あるべき姿（目標）との対比で考える必要があります。さらに、何をもって問題とするかという定義が必要になります。

> ┃ POINT ┃
>
> ❶ 現状をしっかりと押さえる
> ❷ あるべき姿（目標）を確認する
> ❸ 何をもって問題とするのかという定義を決め、判断する

❶ 現状をしっかりと押さえる

　まず、何が起こっているのか現状をきちんと把握する必要があります。

　先の例では、A店からD店までの「売上」を押さえるということです。今回の例で扱った「売上」は、何が起こっているのかを考える上で、対象がハッキリわかるものであり、かつ、それを数値で表すことが容易にできるものでした。

　一方で、例えば、「モチベーション」を対象にしようとすると、何をモチベーションとするのかとそれをどのように把握するのかを丁寧に考える必要があります。「現状」を押さえることに労力をかけなければならない場合があるということも理解しておきましょう。

❷ あるべき姿を確認する

　現状が押さえられたら、そもそも「どうあるべきなのか」を明確にしましょう。先の例では、「売上目標」をあるべき姿に設定をしました。現状と同様に、あるべき姿の定義とそれをどう数値化できるかをあわせて考えるよ

うにしましょう。

❸ 何をもって問題とするのかを決め、判断する

　現状とあるべき姿の両方が決まれば、そこに差があるかどうかがわかります。ただ、「差がある」＝「問題がある」とは限りません。C店とD店の例のように、問題の定義の仕方によって、初めて問題であるかどうかを決めることができます。

「あるべき姿」と「現状」をそれぞれ考えてください。

- ❹ 今年度の取引社数、目標は120社。現時点で、取引社数は、100社。
- ❺ 今年度の当社の働き甲斐のある会社ランキングは、前年度の業界10位から業界5位へ躍進。3年後の目標は、業界3位以内に入ること。

解答

　ケースAは、あるべき姿は、目標である、取引社数120社。現状は、取引社数100社。

　ケースBは、あるべき姿は、3年後の目標である、業界3位以内。現状は、5位、と整理することができます。

ではここで、「現状」がよいのか悪いのかという視点で、それぞれケースA、Bを考えてみましょう。ケースAの現状は、取引社数が100社。これは、目標は120社に対して20社足りない状況にありますので、よくない状態であると考えることができます。

　一方、ケースBの現状は、5位。3年後の目標に対しては差がありますが、5位自体がよくないことであるのかと言うと必ずしもそうではありません。そう考えると、悪くない状態を「正常」と位置付けると、ケースAでは、あるべき姿の120社が正常な状態、一方で、ケースBは、現状の5位が正常な状態と考えることができます。

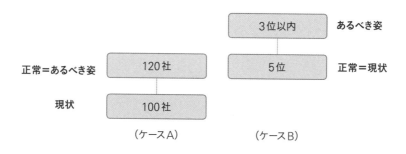

| | （ケースA） | （ケースB） |

　一般的には、ケースAのように、あるべき姿が、あらなければならない状態として語られます。そして、現状がそのあらなければならない状態に対して、未達（＝マイナス方向に離れている）であるから問題であるという捉え方がよくなされます。

　一方で、ケースBのように、現状は、悪い状態ではないものの、将来の目標に対して、ギャップがあるという状況もあり得ます。ここでの目標は、あるべき姿でもありますが、未来に対する目標です。どうなりたいのか、どうありたいのかという意志を反映させることができる目標です。

　そこで、ケースAと区別するために、あるべき姿を「ありたい姿」とすることにします。そう考えると、現状とありたい姿の間のギャップはプラスの方向の差として考えることができます。

つまり、問題解決には正しい状態に戻すための問題解決とありたい姿に到達するための問題解決の2つのタイプがあるということです。

問題解決と言うとどうしても、何かよくないこと＝問題が起こっていて、それを解決しなければならないという、正しい状態に戻すための問題解決をイメージしがちです。ありたい姿に対してどうギャップを埋めていくかを考えていくことも同様のアプローチで可能になってくるということを理解しておきましょう。

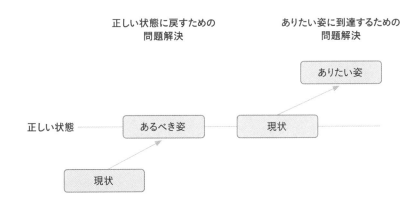

最後に、あるべき姿、ありたい姿を考えていくにあたってのポイントをいくつか紹介してきましょう。

● 具体化、定量化を最初から頑張りすぎない

あるべき姿、ありたい姿の具体化、定量化は、必要なことではありますが、初めから労力をかけすぎないよう意識しておきましょう。

先の演習のように、目標がしっかりと決まっていればよいですが、そもそもどうあるべきかについて、以下のような場合があるからです。

・目標が曖昧なままに既に始まっている場合があること

・目標はあったが、その目標自体が正しかったのかがよくわからないことがあること

・目標はあったが、環境が変化し、見直しがそもそも必要な場合があること

　また、売上のように金額で表現できるものはよいですが、定義が難しい場合もあります。

　さらに、ありたい姿の場合は、未来の事象になるので、どこを目指せばいいのかわからない場合があり得ます。また、最初にありたい姿を決めて、その後、実際にいろいろ調べて情報を集めることで新たな事実がわかり、ありたい姿そのものが変わってしまうといったことも起こり得ます。

　わからないものを一生懸命考えることは労力がかかります。後から変わるかもしれないものに必要以上に時間をかけるのももったいないことです。明確にしようという努力は必要ですが、必要以上に時間をかけすぎてはいないか注意が必要です。

　そもそも、何のために問題を定義するかと言うと「問題解決」をスタートさせるためです。逆に言うと、何について考えていけばいいのか、その方向性がわかって、具体的に「問題解決」をスタートさせられれば、それで十分です。

　少し曖昧さがあったとしても、まずスタートしてみて、その上でわかってきたことを踏まえて、そのタイミングで具体化しなおすといったプロセスで進められるとよいでしょう。

● ありたい姿に到達するための問題解決は意識的に行う

　ありたい姿に到達するための問題解決は意識的に時間を割いていく必要があります。なぜならば、正しい状態に戻すための問題解決は、緊急性を要する場合が多いからです。あらなければならない状態に、現状がそこに届いていないということになりますので、どうしても急いで対応するということが求められます。

それに対して、ありたい姿に到達するための問題解決は、時間的に猶予があることが多いため、意識的に時間を割かないと正しい状態に戻すための問題解決が優先されてしまうことになるからです。**未来へ向けた、ありたい姿に到達するための問題解決により多くの時間を使っていけるよう意識しましょう。**

正しい状態に戻すための問題解決 → 急ぐことが多い

ありたい姿に到達するための問題解決 → 重要だけど時間の余裕はあることが多い

● 置かれている環境自体が変わるということを理解しておこう

　何が正しい状態なのかが、時間を経ることによって、少しずつ変わっていくということを理解しておきましょう。環境そのものが変わり、正しい状態そのものが変化していくということです。

　往々にして、この変化は少しずつ起こり気付きにくいものです。感度を高くして、敏感に、変化を捉える努力をする必要があります。また、**変化に気が付いたとしても、これまでの状態に慣れ親しんでしまうと、元の状態を正しいものと考えてしまう傾向にあります。**そもそも、今乗っている正しい状態と思っている土台はそのままでいいのか、土台そのものを変える必要があるのではないかという意識をもっておきましょう。

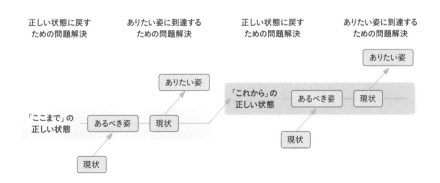

長年親しんだ現状を是とする慣性は強いものですが、一方で土台を変えていくことも未来へ向けては必要なことです。

　正しい状態に戻すための問題解決とありたい姿に到達するための問題解決、両方を理解しつつ、ありたい姿へ向けた時間をより多く使っていけるようにしましょう。

まとめ

- ☑ 「現状」と「あるべき姿」と「問題の定義」の3つを押さえよう
- ☑ あるべき姿だけではなく、ありたい姿も意識しよう
- ☑ 2つの問題解決を意識しよう
- ☑ 何が正しい状態かを考え続けよう
- ☑ ありたい姿へ向けた問題解決により多くの時間を使おう

LESSON 02 何を問題とするかを考える

「問題」を「解決」するためには、「問題」がなければなりません。では、「問題」をどう見つければいいのでしょうか。どう認識すればいいのでしょうか。また、起こっている問題は、ひとつとは限りません。問題を見落とさないためにはどうすればいいのでしょうか。

あなたは複数の商品を販売する課の一員です。その課では、次のことが起きています。

「顧客から商品の使い方に対する問い合わせの電話がかかってきても、担当者が外出や会議でいないことが多い。社内にいる担当者以外の人が対応すると慣れないため、時間がかかる。その結果、顧客からも対応が遅いとクレームになっている」

さて、何が問題なのか見つけるために、気になる箇所をピックアップしてみます。

・問い合わせの電話がかかってくる時に担当者がいないことが問題
・担当者以外の人が対応すると時間がかかってしまうことが問題

担当者がいないことが問題であれば、担当者につながるようにするにはどうすればよいか、もしくは、担当者がいる時に問い合わせがくるようにするにはどうすればよいかが解決策になりそうです。

担当者以外の人が対応すると時間がかかることが問題であれば、担当者以外の人でも時間がかからないように研修をする、もしくはマニュアルを作るといったことが解決策になりそうです。

　このように、起こっている事象はひとつでも、問題は複数存在し、どこを問題として切り出すかによって、解決策が変わってきます。

　さてその上で、自分が取り組みたいことは、担当者につながるようにすることなのか、もしくは、担当者がいなくても成り立つようにすることなのか、もしくは両方なのかを考えてみてください。どのような状態を目指したいのかを考えることで、解きたい問題がそもそも何なのかをイメージしやすくなります。

〖 POINT 〗

❶ 気になる箇所を複数ピックアップする
❷ 解決策の具体的なイメージをもつ
❸ 最終的にありたい状態を考える

---

❶ 気になる箇所を複数ピックアップする

　実際には文章で表現されている訳ではないですが、文章の気になる箇所に下線を引くようなイメージです。安易に気になる箇所が問題だと思い込み飛びつかないためにも、まずは、複数の問題を候補として挙げることを心掛けましょう。

　今回の例では、以下の2つを問題の候補として切り出しました。

・担当者がいないことが問題
・担当者以外が対応すると時間がかかるのが問題

❷ 解決策の具体的なイメージをもつ

　次に、具体的にどのような解決策の方向性があり得るのかを考えてみましょう。

担当者がいないことが問題であれば、担当者がいないことを前提につながるようにする。例えば、携帯電話をすべての担当者に持たせるといった解決策が考えられます。もしくは、担当者がいる状態に問い合わせがくるように、電話の受付の時間を限定するといった解決策もありそうです。

担当者以外が対応すると時間がかかることが問題であれば、担当者以外の能力を上げるという方向で、研修をするとか、担当者以外でも対応しやすいように問い合わせのマニュアルを作成するといった方向性がありそうです。

他にも方法はありそうですが、ここでは話を単純にするためにこのぐらいで考えます。

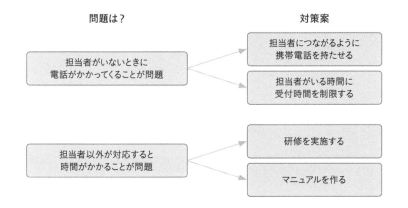

❸ 最終的にありたい状態を考える

最後に、判断です。ここまでの検討で、何が問題で、どんな方向性で解決していきたいのか、全体像が見えてきました。携帯電話を持たせてまで、担当者につながるようにすることが妥当なのか、マニュアルを作成して担当者以外のメンバーにも対応してもらうことを求めたいのかを決めます。

そもそもどちらを問題とするのかは、最初に決めなければならないことです。ただ、何の情報もない中で、どちらにするのかを決めることは、結構大変で労力がかかります。

そこで、思いつく解決策をいくつかイメージしてしまいましょう。そうすることで、問題としている事象やその事象に対して、何をするのか取り組む

内容が具体化されるため、「問題の程度」がイメージしやすくなります。

　本来、解決策を考えるためには、詳細な分析が必要ではありますが、大事なことは、思考を前に進めることです。どっちを問題とすべきかで悩んでいる時間があったら、その先を具体的に考えた上で判断をするようにしましょう。

状況設定は先ほどと同じですが、ピックアップしなかった問題はないでしょうか。そもそもの視点でもう少し考えてみましょう。

「顧客から商品の使い方に対する問い合わせの電話がかかってきても、担当者が外出や会議でいないことが多い。社内にいる担当者以外の人が対応すると慣れないため、時間がかかる。その結果、顧客からも対応が遅いとクレームになっている」

▌ 解答

　先ほどの問題は、いずれも顧客からのクレームに対応する時間が遅いということが問題の根源でした。しかし、そもそもで考えると、問い合わせが発生していること自体が問題だと考えることもできます。

　問い合わせがあることが問題だとするならば、問い合わせが発生しないよう、商品自体の使い勝手をよいものにしていく、もしくは問い合わせをしなくても、お客さん自身が自分で調べられるようにするといったことも解決策の方向性と考えられます。
　全体を視覚化すると次のようになります。

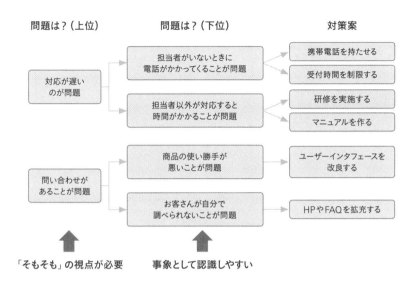

問題は？（上位）	問題は？（下位）	対策案
対応が遅いのが問題	担当者がいないときに電話がかかってくることが問題	携帯電話を持たせる / 受付時間を制限する
	担当者以外が対応すると時間がかかることが問題	研修を実施する / マニュアルを作る
問い合わせがあることが問題	商品の使い勝手が悪いことが問題	ユーザーインタフェースを改良する
	お客さんが自分で調べられないことが問題	HPやFAQを拡充する

「そもそも」の視点が必要　　　事象として認識しやすい

ここからわかることは、問題には階層があるということです。最初に考えた問題は、上図の真ん中、後で考えた問題は、上図の左、後で考えた問題の方が、より上位の問題ということになります。

下位のレベルの問題は、起こっている事象として見えてくるため認識しやすいですが、上位のレベルの問題は、「そもそも何が問題か」という意識をもつ必要があります。発生している事象だけに引っ張られないよう気をつけて、「そもそも」で考えた時により上位の問題はないかを自問しましょう。そして、問題の全体を押さえる努力をしていきましょう。

その上で、どれを問題として扱い、どんな対策を打っていくかを考えるようにしましょう。問い合わせ自体をなくすために商品の使い勝手をよくしていくことは、根本的な策で大切なので、そちらを優先するということもひとつの考え方です。

一方で、少し時間がかかることでもありますし、労力もそれなりに必要となります。そこで、「対応が遅い」という発生している事象に対する「対処」としての施策を優先するという考えも勿論あり得ます。

大切なことは、起こっている問題の全体像を押さえた上で、どこを問題と

CHAPTER 1

何を扱うのか「問題」を考える

して切り出し、対策を打とうとしているのかをしっかりと理解できているこ
とです。

　問題の関係性をまた少し別の視点から整理しておきましょう。

　今年度、受注が目標に到達できるかが微妙なＡ君は、例えば「受注目標を
達成できるか」という問題をもっていると言えます。これに対して、チーム
を預かる上司の問題は、Ａ君とは変わり、「チームとして受注目標が達成で
きるか」となります。

　つまり、範囲が広がるのです。さらに、今年度の受注も気になるところで
すが、翌年度へ向けての準備も必要になってくるはずです。そうなると、今
年の受注に加え、「来年度の受注は大丈夫か」といった問題にまで広がって
くることでしょう。範囲に加え、時間軸が加わってきたことになります。

　このように、問題は、どの範囲を考慮するか、時間軸をどこまで考慮する
のかによって異なってきます。一般に組織は、職位があがるほど考慮にいれ
なければならない範囲が広がっていくことになります。ただ、職位に応じた
範囲でだけ考えればいい訳でなく、本来はできる限り広い視点で考えておく
べきことです。全体像を広く押さえながら、その上で目の前の問題に向かう
ことも同時に意識していきましょう。

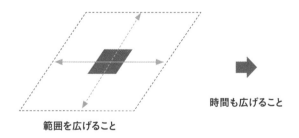

範囲を広げること　　　　　　　時間も広げること

- ☑ 問題はひとつではなく複数あることを認識しておこう
- ☑ どこをどう切り取るかで問題は変わる
- ☑ 全体像を押さえておくことが大事
- ☑ 範囲をどうとるか、時間軸をどうとるかが重要
- ☑ 自分の問題がどの範囲を見ての問題なのかをしっかりと認識しよう

本当に起こっているのかを確認する

「問題」があると、すぐに解決をしなければと考えてしまいます。ただ、その「問題」は、たまたま発生しただけのことかもしれません。その場合は、解決策を検討し、講じることが逆に余分な労力になってしまいます。「問題」が本当に「問題なのか」、しっかりと見極めていくためにはどうすればよいのでしょうか。

　ある日、「御社のサービスに非常に満足した」というメールを受け取りました。嬉しくなったあなたは、上司に報告をしたところ、「それはたまたまじゃないのか」と誉めてもらえませんでした。別の日に、「御社のサービスは、期待していたレベルではなかった」というメールを受け取りました。「たまたまではないか」と思いつつ、クレームではあるので、上司に報告したところ、すぐに謝罪のメールをし、サービスに問題がないかを点検するようにと指示をされました。

　満足してくれている人が1人しかいなくて、その1人が声を上げてくれたのか、満足してくれている人が一定数いて、その中の1人が声を上げてくれたのか、そのどちらなのかが、その1人だけからは判断ができないことが悩ましさです。
　後者の例も同様で、不満足な人が1人しかいなくて、その1人が声を上げたのか、不満足な人が一定数いて、その中の1人が声を上げたのかが、その1人だけからは判断が難しいということです。
　いずれの場合も、もし一定数の人数が同じように感じているのであれば、

2人目、3人目の人から声があがる可能性がありますので、少なくとも複数の声を確認した方がよさそうです。

　ここで意識したいのは、「予兆を拾うこと」と「発生していることの確認」は、分けて考えることです。最初の1人目の情報は、考えるきっかけを与えてくれるという意味ではとても重要ですが、それがはたして、たまたまなのか、そうでないのかを見極めることは重要です。往々にして、ひとつの事象がすべてであるかのように受け止めて、過剰な対応をとるということが発生します。特にネガティブな声の場合はその傾向が強まります。

> **［ POINT ］**
>
> ❶ 1件目の情報に敏感になること
> ❷ 発生していることの確認をきちんとすること

❶ 1件目の情報に敏感になること

　環境は常に変化していますので、なんらかの変化が起こっている可能性は常にあると考える必要があります。そして、何事もない時も、何事もないという平常時の状況をしっかりと認識しておくことが重要です。そうすることで、「いつも」と違ったことが発生した場合に、その変化に敏感になることができます。

❷ 発生していることの確認をきちんとすること

　いつもと違う情報＝予兆が確認できたら、次は、発生しているかどうかをきちんと確認しましょう。それが、本当に起こっていることか、たまたま起きたことなのかを見極めていく必要があります。

　もし、情報を収集することができる状況であれば集めてみることです。集められない場合は、時間の経過を見守り、待つことになりますが、いつもよりも感度を高くして待つ必要があります。過去に類似例がなかったかを調べ

てみることもひとつの手段になります。

　予兆は予兆として大切にするものの、騒ぎすぎるのはいけません。だからといって、時間をかけて、労力をかけて、調べることを重たくし過ぎないことも重要です。バランスを考えて、次のアクションにつなげていきましょう。

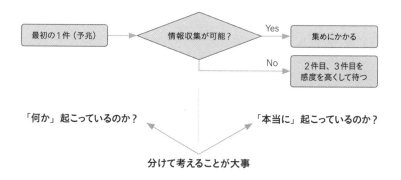

演習問題

　あなたは、1000名の登録会員をもつ、あるWEBサイトを運営しています。今回、サイトのリニューアルを行ったところ、使い勝手が悪くなったという声が会員から上がってきました。予兆として、使い勝手が悪くなったという情報を得たことになりますので、実際に、多くの会員が同じように感じているのか情報を収集するべく、アンケートを実施したいと考えています。さて、何名からアンケートがとれるといいでしょうか。

解答

　理想は、1000名全員の情報収集ができることが望ましいです。登録している全員から情報が得られればそれが「すべて」になるからです。

統計の世界でも、全数を調査するというアプローチがあります。しかし、全員から情報を収集することは労力もかかるため、例えば、100名であるとか、300名であるとか、全対象の一部の情報から全体を推測するといった手法もよく使われます。時間がなく、費用もかけられない、でも、何も調べないよりはいいので、とりあえず20名に聞いてみるということもあるでしょう。

ここで大切なことは、全員に対して、どの程度の割合の情報を得ているかをきちんと理解していることです。20名の場合は、全体の2%の人の声しか聞けていない、100名の場合は、10%の人の声は聞けているということをしっかりと理解をした上で、調査結果に解釈を加えていきましょう。

例えば、前者の場合は、ある傾向が見えたとしても2%でしかないので、少し慎重に判断をする必要があります。逆に、後者の場合は、全体の10%には聞くことができているので、ある程度見えてきた傾向を信じてもよさそうです。このように全体に対して、どの程度の割合の情報を得ているのかということを押さえて、解釈の程度をきちんと考えるようにしておきましょう。

 STEP UP !

調査に際して、いくつかの留意点を紹介しておきます。

● 対象者は偏らないようにする

一部の人しか調べられない場合は、調べられた人の属性が偏っていないということが重要です。調べたい集団が、年齢層が幅広い集団であるならば、たとえ一部の集団を調査するとしても幅広い年齢層の構成である必要があります。

逆に、若手に偏る、年配者に偏るといったことが起こってしまうと、調べた対象は、集団の全体を表しているとは考えにくくなるからです。調べたい集団と同じような構成比になるように選ぶといったことが必要です。乱数を

使って、恣意性が働かないようランダムに選ぶといった工夫などがよくなされます。

● 何件調べればよいかは母集団の大きさに依存する

　全体の母集団が100名の場合の10件と全体の母集団が20名の場合の10件では、10件の意味が異なってきます。前者は、全体の10%、後者は、全体の50%になりますので、同じ10件でも後者の方が全体を表していると考えてもよさそうです。

　このように何件調べればよいのかは、調べたい母集団の大きさによって変わります。

　詳細な数式などは割愛しますが、類推したい母集団の大きさごとに、調べればよいデータ数は統計的に算出されます。例えば、何かの比率（例：1年以内に不具合を経験した人の割合）を求めたい場合、許容誤差を5%とすると、95%の信頼性でという前提がつきますが、以下のようになります。

母集団	調べる数
1000000	384
100000	383
10000	370
1000	278
100	80

　100名の母集団を理解するためには、80名、約8割のデータが必要になりますが、1000名の場合は、278名と3割弱、1万名の場合は、4%弱と人数が増えていくにつれて、必要なデータ数は、それほど増やさなくても大丈夫ということです。

　さらに、10万名と100万名の差が、383名と384名の1名しか違わないように、400名弱のデータがあれば、逆に母集団がどれだけ大きくなろうとも大体、数的には類推が可能な量であるということを理解しておきましょう。

　なお、許容誤差を3%、1%とせばめていくと必要な人数が増えることも知っておきましょう。

一方で、確認できる事象自体が希少なものも存在します。何万人に1人といった病気などや異常になることが非常に低い確率でしか発生しないものです。また、年間で1回程度しか発生しないもの、1年単位でしか試行が繰り返せないものなどもあります。

　いくつのデータがあればいいのかと考えるだけでなく、そのデータはどの程度発生するのか、扱っている事象はどういう性質のものなのかといったこともあわせて考えるようにしましょう。

まとめ

- ✓ 予兆と起こっていることは分けて考えよう
- ✓ 必要以上に予兆に反応しすぎないよう注意をしよう
- ✓ 必要以上に重く調査をしない
- ✓ 調べる数と全体数との相対を踏まえて解釈の程度を考えよう
- ✓ 集め方やデータの性質にも意識を向けよう

数字を見る前に考える

問題を解決するために数字（データ）を分析することは、非常に
大切なことです。ただし、気をつけていないと数字がいつのまに
か「正」になってしまい、数字に踊らされるといったことが起き
てしまいます。適切な問題解決のために、数字を見る前に考えて
おけることがあるので説明します。

　新しい地域を担当することになったあなたは、各店舗のスタッフの人数と
売上の状況を調べてみることにしました。さて、スタッフの人数と店の売上
は、以下のどのような状態になっている可能性がありますか。

A：右肩上がり　　B：右肩下がり　　C：バラバラ

（売上／人数）

　Aの状態は、スタッフの人数が増えれば、売上も増えるという状態です。
人員が上手く配置されていて、無駄なく接客ができているとこのような状況
になりそうです。もしくは、面積がそもそも広く、スタッフの人数が必要な
店舗であれば、このような状況になる可能性があります。

Bの状態は、スタッフの人数が増えるほど売上が減っているという状態です。店舗が狭く人が増えるほど作業効率が悪くなるといった場合にはこのようなことも発生するかもしれません。ただ、このような状況になる可能性はそう高くはないでしょう。

　Cの状態は、スタッフの人数と売上の間に関係性があまり見いだせないという状態です。売上に影響を与える可能性のある他の要素は、スタッフの人数だけとは限りません。したがって、Cのような状況になる可能性もありそうです。

　さて、今考えたように、実際の数字を分析してみる前に、データがどのような状態になる可能性があるのかを数字を分析する前に考えるようにしましょう。

　その理由は、2つあります。ひとつは、自由に発想できるからです。実際に集計して、いきなりグラフにするといったことをしてしまうと、集計した結果やグラフ化されたものに意味合いをつけようとすることから考えがスタートしてしまいます。集計結果やグラフに頭が支配されてしまう前に、自由に発想できるタイミングで、どういう可能性があるのかを考えるようにしましょう。

　もうひとつの理由は、分析をして見えてくる情報に対してより感度を高くして解釈することにつながるからです。人は事前に思考投入をするとその結果がどうなっているのかを純粋に知りたくなるものです。出てきた結果が予想通りであれば、考えた通りだったと印象に残ります。また、違っていた場合は、なぜ違うのだろうとさらなる思考のきっかけを得ることができます。何も考えずにいきなりデータを分析するのではなく、事前に少しでも考えるようにしましょう。あっていても、違っていても示唆を得ることができるからです。

【 POINT 】

❶ 右肩上がりになるのか

❷ 右肩下がりになるのか

❸ 関係ないのか

ポイントは分析したい数字の関係性が、この3つのどの可能性があるのか
を考えることです。

先述の3つは、まず、関係があるのかないのかが最初の分岐になります。
そして、もし関係があるのであれば、片方が増えるともう片方も増えるとい
う関係性なのか（右肩上がり）、もしくは、片方が増えるともう片方は減る
という関係性なのか（右肩下がり）を大きく捉えておこうという発想に基づ
くものです。先ほどの例で考えてみましょう。

❶ 右肩上がりになるのか

右肩上がりになるということは、スタッフの人数が増えるにしたがって売
上が上がっているということです。スタッフが増えれば接客できる人数も増
えて売上につながる可能性もありそうです。

❷ 右肩下がりになるのか

右肩下がりになるということは、スタッフの人数が増えるほど売上が減っ
ているということです。店舗が狭く作業効率が悪いといったことは考えられ
ますが、あまりこのような状況は発生しそうにありません。

❸ 関係ないのか

売上に影響を与える可能性のある他の要素は人数以外にも考えられそうな
ので、バラバラの状態もあり得るということになります。

したがって、データを見る前に1か3のような状態になっている可能性があると言えそうですが、2のようになっている可能性は低いと想定をもつことができます。

　厳密には、右肩上がり、右肩下がりのような直線的な関係にならない場合もあります。また、同じ右肩上がりと言ってもその上がり方は様々です。

　データを見る前の想定としては、大きく先述の3つぐらいを想定しておけばよいでしょう。もし他の想定がもてるのであれば、それはそれで問題ありません。想定をもった上で、データにあたるというプロセスを心掛けていきましょう。

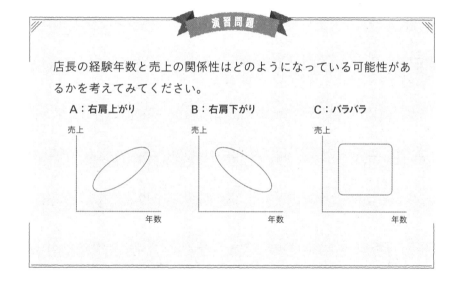

演習問題

　店長の経験年数と売上の関係性はどのようになっている可能性があるかを考えてみてください。

A：右肩上がり　　　B：右肩下がり　　　C：バラバラ

売上　　　　　　　　売上　　　　　　　　売上

年数　　　　　　　　年数　　　　　　　　年数

解答

　Aの状態は、店長の経験が長くなれば、売上も増えるという状態です。店長の能力が売上を左右する業種であるという前提は必要ですが、経験が長いほどノウハウはたまってくるはずです。このような状況になっている可能性はありそうです。

前述のBの状態は、店長の経験が長くなるほど逆に売上が減っているという状態です。慣れがよくない方向に働くとこのような状況になるかも知れません。

　前述のCの状態は、店長の経験と売上の間に関係性があまり見いだせないという状態です。店長の経験年数より、例えば、立地であるとか、商品そのものの方が売上に影響を与える可能性が高い場合は、Cのような状態もあり得るということになります。

　さて、ここでは、その他の可能性も考えておきましょう。先ほどAの状況でノウハウが効くような業種であればという前提を置きましたが、反対に積むことのノウハウに限界があるという前提を置くとどうなるでしょうか。
　1年目から2年目ぐらいまでは、ノウハウの積み上げはあるが、3年ぐらい経験すると大体一通り想定できる仕事は経験済となり、4年、5年と重ねてもそれほどノウハウはたまらないという状態です。その場合、以下のような状態になっている可能性もあります。

　では、同様に、もうひとつ考えてみましょう。駅からの距離と売上の関係性を考えてみましょう。

A：右肩上がり　　　B：右肩下がり　　　C：バラバラ

Aの状態は、駅から遠くなるほど、売上も増えるという状態です。一般的には、駅から遠くなると利便性は下がるため、客数は減る可能性があります。したがって、このような状況はあまり発生しそうにありません。

Bの状態は、距離が遠くなるほど売上が減っているという状態です。Aの逆で利便性が下がり、このような状態になっている可能性はありそうです。

Cの状態は、駅からの距離と売上の間に関係性があまり見いだせないという状態です。専門性が高い、もしくは嗜好性が強い商品やサービスの場合は、駅からの近さにかかわらず、その商品やサービスを求めて顧客がアクセスすることになるため、駅からの距離と売上の間に関係性はあまりないかもしれません。

さて、実際に、データを分析したところ、以下のようになったとします。どのような解釈ができそうですか。

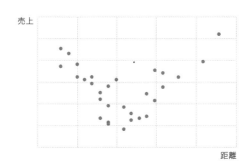

全体的には、バラバラという見え方でもありますので、前述のCのような状況になっているという解釈もできそうです。

　一方で、少し丁寧にグルーピングをすると、以下の図のように解釈することもできます。

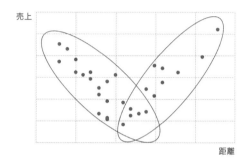

　これはつまり、AとBを合わせた状況、駅から遠くなると売上は下がるという状況と、駅から遠くなると売上が上がるという状況と2つのことが混ざっているという解釈もできそうです。前者は、駅前店のイメージ、通勤・通学のついでに立ち寄ってもらうための店になります。後者は路面店、通勤・通学とは違い、例えば車などを利用して立ち寄ってもらう店です。

　このように、もともとのデータが、一律の同じ傾向を示すとは限りません。異なったタイプの店舗が複数入っているという可能性もあります。基本の1、2、3に加えて、その他の可能性も考えること、そして、集団は必ずしもひとつではないということも押さえておきましょう。

　最後に、データとの向き合い方をまとめておきましょう。多くの場合、次の左図のように、データから何が言えるかを考えます。これはこれで非常に大切な行為なのです。ただ、気をつけないと、データに解釈を与えることが目的化してしまう可能性があります。
　また、データがあればあるだけ、データに引っ張られてしまうという弊害

もあります。データが大量にある場合は、すべてを考慮にいれることはできません。あるデータは見るけど、あるデータは見ないといったように、自身の意図で対象を決めるということも考えなければなりません。

両方の視点を持っていこう

データから何が言えるか　　　　　　　　　データから何を拾うか

データ　　　　　　　　　　　　　　　　データ

　そうなると今度は右図のように、そもそもどのデータを見るのか、そして、そのデータから何を読み取るのかという意図をもつことが必要になってきます。その際に、実際に数字の関係性がどのような状況になっている可能性があるのかを想定した上で、数字を見にいくということを心掛けることで、実際に数字が示してくれている事実に対して、目を向けることができるようになります。「データから何が言えるのか」、逆に「データから何を拾うのか」、両方の視点を意識しながら、数字に向き合えるようにしていきましょう。

まとめ

- ✅ データを見る前にどのようになっているかを先に考えよう
- ✅ 自由な発想ができる時に自由に考えることが重要
- ✅ 当てることが目的ではなく、先に考えることでギャップを示唆につなげられる
- ✅ 見えた結果を素直に受け止めることも重要
- ✅ データから発想することと意思をもってデータに向き合うこと、両輪のアプローチが大切

何が見えているのか
「事象」を考える

「問題」が明確になると、いよいよ解決へ向けた思考プロセスのスタートです。ただ、ここでも焦りは禁物です。重要なことは、事象をしっかりと押さえること。「何が」起こっているのか、「何が」起こりそうなのかをできるだけ正確に見極めて、解いていくことが必要です。この「何が」について、解像度を上げていくことが後工程を楽にするとともに、精度を上げていくことにつながります。そのためのポイントは「分解」です。このCHAPTERでは事象の解像度を上げていくためにどう「分解」すればよいのかを学びます。

分析を始める前に、
ひと工夫する

目の前に食材があるとすぐに調理にかかりたくなります。ただ、調理に入る前の下ごしらえも料理を美味しくする重要な工程です。分析の対象となるデータも同じこと。分析の前にひと工夫するだけでも、大事なポイントが見えてくることがあります。そのひと工夫とは、具体的にどのようなことなのでしょうか。

売上分析が仕事のあなた、管轄している5店舗の前月と今月の売上データから、何が起こっているのかをつきとめなければなりません。手元にあるデータから、さて、何がわかりますか。

店舗ごとの売上

	前月	今月
A店	90	75
B店	50	45
C店	70	55
D店	40	35
E店	80	75
合計	330	285

（単位　万円）

合計の売上が330万円から285万円へと、前月と比べて今月は45万円下がっていることがわかりますが、このデータだけでは、どの店舗がどのように下がっているのかがわかりにくい状態です。そこで、店舗ごとの差を確認することにします。

店舗ごとの売上

	前月	今月	差
A店	90	75	−15
B店	50	45	−5
C店	70	55	−15
D店	40	35	−5
E店	80	75	−5
合計	330	285	−45

(単位　万円)

　A店とC店の差が15万円となっており、他店と比べても、落ち込みが大きいことがわかります。

　また、今回は先述のようになりましたが、別の可能性として、表1 や 表2 のような状況になることも考えられます。

表1

	前月	今月	差
A店	90	81	−9
B店	50	41	−9
C店	70	61	−9
D店	40	31	−9
E店	80	71	−9
合計	330	285	−45

(単位　万円)

表2

	前月	今月	差
A店	90	45	−45
B店	50	50	0
C店	70	70	0
D店	40	40	0
E店	80	80	0
合計	330	285	−45

(単位　万円)

　表1 では、A店からE店まで、軒並み同じように下がっている状況。表2 では、特定の店舗（A店）が下がっている状況です。全店舗の問題なのか、特定の店舗の問題なのかによっても、次に検討していく方向が変わります。ひと工夫して「差を計算する」ことによって、その違いを見つけることができます。

　では、次に、別のエリアの6店舗の売上について、同様に考えてみることにしました。差を計算したところ、R、S、T店の3店舗の差が他の3店舗よりも大きいとわかりました。さて、このまま進めてもよいでしょうか。

	前月	今月	差
R店	100	80	**−20**
S店	100	80	**−20**
T店	100	80	**−20**
X店	50	40	−10
Y店	50	40	−10
Z店	50	40	−10
合計	450	360	−90

（単位 万円）

　R、S、T店は、いずれも前月の売上が100万円です。X、Y、Z店は50万円なので比べると倍となります。下げ幅の絶対額は大きく見えますが、それは、もともとの売上が高かったということにも起因しそうです。そこで、前月と今月の売上の比率も計算しておきましょう。

	前月	今月	差	率（今月/前月）
R店	100	80	−20	**0.8**
S店	100	80	−20	**0.8**
T店	100	80	−20	**0.8**
X店	50	40	−10	**0.8**
Y店	50	40	−10	**0.8**
Z店	50	40	−10	**0.8**
合計	450	360	−90	**0.8**

（単位 万円）

　比率で評価をすると、どの店舗も前月比で80%、R、S、T店が問題というよりは、軒並み全店舗が下がっていることがわかります。全店舗に問題があり、全店舗に影響を与えているなんらかの原因がありそうだという解釈ができそうです。

【 POINT 】

❶ 差を計算する
❷ 比率を計算する

❶ 差を計算する

基本的に、一次データは個々の値と合計値だけが示されていることが多くあります。その数値だけを見て判断分析するのではなく、個々の値の差を計算してみましょう。

❷ 比率を計算する

差を計算したら、その差を差として捉えてよいかを確認するために、変化率もあわせて確認しておくようにしましょう。絶対量として違いがあっても、元の値に対してどの程度なのかという、相対的な視点もあわせてみないと解釈を見誤る可能性があるからです。

差を計算すること、そして、比率を計算することで、一律に変化しているのか、変化はバラついているのか、もしくは、特定の箇所だけに大きな変化があるのかを峻別することができます。

一律に変化している場合には、全体が同じ傾向であるということを前提に分析を続けていく、もしくは、事象を特徴づけるために、さらに情報を追加し、分析をしてみるのもよいでしょう。変化がバラついているのであれば、増加しているところと減少しているところの違いがどこにあるかを調べる、もしくは、増加しているところと減少しているところを分けてそれぞれでさらなる分析を進めていくことになります。大きな変化があるところが見つかったのであれば、そこを中心に分析をしていくことができます。

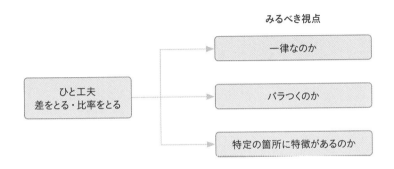

みるべき視点

あるエリアの店舗のデータ、差を計算し、比率も確認をしたところ、G、 J、M店が、他店と比べて変化が大きく、問題がありそうだということが見えてきました。さて、ここで差を計算する、比率を計算することに加えてさらに、【もうひと工夫】するとすれば、どんなことができるでしょうか。

	前月	今月	差	率（今月／前月）
F店	90	85	−5	0.94
G店	50	35	**−15**	**0.70**
H店	40	35	−5	0.88
I店	80	75	−5	0.94
J店	60	45	**−15**	**0.75**
K店	30	25	−5	0.83
L店	90	85	−5	0.94
M店	60	45	**−15**	**0.75**
N店	40	35	−5	0.88
合計	540	465	−75	0.86

（単位 万円）

解答

　並び替えるということをやってみましょう。例えば、前月の売上の大きさの順番で「並び替える」ということをやってみると、G、J、M店の3店舗は売上で中位を占める3店舗であることが見えてきます。

	前月	今月	差	率（今月／前月）
F店	90	85	−5	0.94
L店	90	85	−5	0.94
I店	80	75	−5	0.94
J店	60	45	**−15**	**0.75**
M店	60	45	**−15**	**0.75**
G店	50	35	**−15**	**0.70**
H店	40	35	−5	0.88
N店	40	35	−5	0.88
K店	30	25	−5	0.83
合計	540	465	−75	0.86

（単位　万円）

「並び替える」というシンプルな手法によっても、特徴が見えてくることもあります。

また、グラフ化するということでも、同様の示唆を得ることができます。

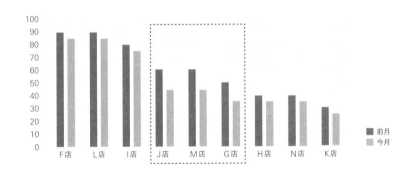

ひと手間かける手法として、先ほどポイントで解説した「①差を計算する」「②比率を計算する」に加えて、以下のことも心掛けていきましょう。

・並び替える

・グラフ化する

では、改めて、進めてきた意味を確認するために、以下のデータから何が言えるかを10秒で判別してみてください。

	前月	今月
A店	83	87
B店	77	69
C店	87	85
D店	80	78
E店	73	81
合計	400	400

　さて、いかがでしょうか。与えられたデータは、これまで見てきたわかりやすい数字ではなく、1の位まで数字が入ったものです。ひとめ見ただけでは、その内容までは理解できません。そこで、ひと工夫して差を計算してみることにします。

	前月	今月
A店	83	87
B店	77	69
C店	87	85
D店	80	78
E店	73	81
合計	400	400

	前月	今月	
A店	83	87	4
B店	77	69	−8
C店	87	85	−2
D店	80	78	−2
E店	73	81	8
合計	400	400	0

　差をとることで、個々の値ではなく、「差」だけに注目をすることができるため、理解はしやすくなります。また、このケースでは、合計値では差がないように見えてしまいますが、「差」を計算することで、売上が伸びている店舗と下がっている店舗の2つのタイプがあることがわかってきます。

　また、データが多くなった時には、この方法がさらに有効です。次の左の表を見てください。すぐに理解ができるでしょうか。一見しただけでは、合計値以外はほぼ何も情報は得られません。
　では、「差を計算する」、「比率を計算する」、そして、「並び替える」の工夫を施してみましょう。

	前月	今月
A店	92	96
B店	84	88
C店	87	86
D店	89	91
E店	80	76
F店	76	85
G店	79	92
H店	93	87
I店	99	77
J店	94	93
K店	72	97
L店	78	72
M店	93	97
N店	78	94
O店	92	71
P店	77	75
Q店	80	73
R店	79	91
S店	93	73
T店	98	92
U店	77	95
V店	84	99
W店	92	89
X店	80	76
Y店	97	99
Z店	87	86
合計	2230	2250

	前月	今月	差	率
K店	72	97	25	**135%**
U店	77	95	18	**123%**
N店	78	94	16	**121%**
V店	84	99	15	118%
G店	79	92	13	116%
R店	79	91	12	115%
F店	76	85	9	112%
B店	84	88	4	105%
A店	92	96	4	104%
M店	93	97	4	104%
D店	89	91	2	102%
Y店	97	99	2	102%
C店	87	86	−1	99%
J店	94	93	−1	99%
Z店	87	86	−1	99%
P店	77	75	−2	97%
W店	92	89	−3	97%
E店	80	76	−4	95%
X店	80	76	−4	95%
H店	93	87	−6	94%
T店	98	92	−6	94%
L店	78	72	−6	92%
Q店	80	73	−7	91%
I店	99	77	−22	**78%**
S店	93	73	−20	**78%**
O店	92	71	−21	**77%**
合計	2230	2250	20	101%

　ひと工夫することで、例えば、120％を超えるK、U、N店があること、逆に、70％台となっている、I、S、O店があることがわかってきます。

　与えられたデータを本格的に分析していく前に、下ごしらえとして、差を計算する、比率を計算する、並び替えるといったちょっとした手間をかけてみるようにしましょう。本格的な分析の準備になる様々な情報を得ることができます。

STEP UP!

データを分析するにあたって、事前に考えておかなければならないことを
いくつか確認しておきましょう。

● **そもそも何を対象とすればよいのかを考える**

　このLESSON5では、「売上」を分析の対象として扱ってきました。企業
活動で提供した価値の対価として得られるものですので、これはこれで重要
な要素です。他に考えられる対象は「利益」です。利益が出ていないと継続
的な事業運営は難しくなるため、これも重要な要素です。

　この他にも、顧客満足度であるとか、稼働率であるとか、関わっている仕
事の内容によって、注力しなければならない対象は様々です。対象とする
データとして何が適切なのかをしっかり考えた上で分析を始めるようにしま
しょう。

● **見なくてもいいデータを決める**

　与えられたデータすべてを分析することは必ずしも得策ではありません。
例えば、全国のデータが手元にあるとしても、明らかな問題が関東地方にあ
りそうだということがわかっていれば、まず関東のデータに絞って分析を進
めていきましょう。

　根拠をもって、見ないデータを決めるということを意識的にしていかない
と、与えられたデータの量が多くなると、対応ができなくなってしまいま
す。範囲を絞るという意識ももっておきましょう。

● **手触り感のあるデータにする**

　1人当たり、1日当たりといった、単位当たりの数字にするということも
工夫のひとつの方法です。単位当たりの数字にすることで、具体的にどの程
度の量なのかが、イメージしやすくなります。また、比較もしやすくなると
いう利点があります。

- ✅ 分析を始める前にできることはいろいろとある
- ✅ 差、比率を求める、並び替える、グラフにすることを試してみ
  よう
- ✅ 何を対象にするかも大事
- ✅ 見ないものを決めるということも意識しよう
- ✅ 単位当たりの数字にもしてみよう

LESSON
06

足し算型で分解する

分析とは、分けること、分解することが基本です。では、どのように分解をしていけばいいのでしょうか。ポイントは、「切り口」と「分け方」。どういう角度で刃をいれるかが「切り口」、切った断面をどう分けるかが「分け方」です。では、どう切って、どう分ければいいのでしょうか。

　昨日の売上は18万円、今日の売上は12万円、昨日と比べると6万円下がってしまいました。6万円下がってしまった原因を究明していくべく、売上を分解してみることにしました。

昨日の売上（円）	金額（円）	商品	担当者
	10000	X	A
	20000	Y	B
	20000	Y	C
	30000	Z	A
180000	10000	X	B
	10000	X	C
	20000	Y	A
	30000	Z	B
	30000	Z	C

今日の売上（円）	金額（円）	商品	担当者
	10000	X	A
	20000	Y	A
	20000	Y	C
120000	10000	X	A
	30000	Z	B
	10000	X	B
	20000	Y	C

　さしあたって、商品別と担当者に分解できそうなので、商品ごと、担当者ごとに昨日と今日の売上の比較を行ってみました。

商品別	昨日(円)	今日(円)	差(円)
X	30000	30000	0
Y	60000	60000	0
Z	90000	30000	-60000

担当者別	昨日(円)	今日(円)	差(円)
A	60000	40000	-20000
B	60000	40000	-20000
C	60000	40000	-20000

　商品別で見ると、商品Zが6万円下がっていることがわかりました。担当者別については、一律、2万円下がっています。したがって、6万円マイナスの原因は、商品Zが売れなかったことのようです。「なぜ、商品Zは売れなかったのか」を確認していくことになります。

　このように、分解をすることによって、起こっていることが見えてきます。合計値で6万円下がっているとわかっても、そこから原因を考えようとするといろんな可能性が考えられ絞っていくことができません。

　できる範囲で構いませんので、まず、事象を分解して、何が起こっているか、その解像度を上げましょう。その上で、なぜそれが起こっているのかを考えていくようにしましょう。

〚 POINT 〛

❶ 意味のありそうな切り口で分解する
❷ 他の切り口で分解する必要はないかを考える

❶ 意味のありそうな切り口で分解する

　与えられたデータから、分解をして意味がありそうな切り口で分解してみましょう。

　今回は、商品別と担当者別で分解ができることになります。商品別で見た場合に、商品ごとで偏りがありそうかと言えば、可能性はありますので、商品別で分解してみる価値はありそうです。また、担当者別で見ることも担当者ごとで違いがある可能性はありますので、分解をしてみる価値はありそうです。

❷ 他の切り口で分解する必要はないかを考える

　今回は、商品別と担当者別で分解をしましたが、他に分解をしてみて価値
があるかもしれない切り口を考えるようにしましょう。例えば、時間帯別で
分解をしてもよいかもしれません。

　得られたデータからできる範囲で手を動かすということも勿論必要です。
一方で、得られたデータはたまたまその状態であった可能性もあります。た
またま入手できたデータだけに引っ張られないよう、**他にも必要な視点がな
いかを常に考えるようにしましょう。他の必要な視点があるということであ
れば、追加でデータを収集して、実際に分解をすることを心掛けましょう。**

演習問題

　最初に入手できたデータが、以下だったとするとどのように分析を
しますか。

昨日の売上 (円)	金額 (円)	商品	担当者	時間	気温
	10000	X	A	10時10分	21度
	20000	Y	B	11時14分	23度
	20000	Y	C	11時35分	24度
	30000	Z	A	13時51分	24度
180000	10000	X	B	14時23分	23度
	10000	X	C	15時07分	22度
	20000	Y	A	15時42分	23度
	30000	Z	B	16時20分	22度
	30000	Z	C	17時33分	23度

今日の売上 (円)	金額 (円)	商品	担当者	時間	気温
	10000	X	A	11時01分	16度
	20000	Y	A	11時34分	18度
	20000	Y	C	13時02分	17度
120000	10000	X	A	14時15分	20度
	30000	Z	B	15時52分	20度
	10000	X	B	16時00分	18度
	20000	Y	C	17時31分	17度

　先ほどは商品別と担当者別に分解をしたので、ここでは時間帯別と気温別について考えてみます。

　まず、時間帯別は追加で検討してみてもよいと考えた切り口でした。ただし、商品別、担当者別とは違って注意が必要です。商品別、担当者別については、分解をする単位が、切り口を選択すると自動的に決まります。商品別であれば、商品X、Y、Z、担当者別であれば、担当者A、B、Cとどの単位で分ければよいかが、切り口を選択すると自動的に定まります。

　一方、時間帯別については、そうはいきません。おそらく、レジの記録をとれば、先述のように、時間と分までが記録されていることになります。ただ、最初から分単位で細かく分解することには大きな意味はないでしょう。

　したがって、10時台、11時台、12時台……と1時間単位で分けるのか、10〜12時、12〜14時、14〜16時、16〜18時と2時間単位として少し幅をもたせるのか。もしくは、10〜14時と14〜18時と大きく二分にするのかといったことを考えることになります。

　つまり、どのぐらいの幅で分解するのかを考えなくてはなりません。このように、どのように分けるかで考えなければならない切り口があるということを覚えておきましょう。

　次に気温別です。これは売っている商品が何なのかということによって変わりそうです。売れるかどうかに気温が影響しそうかどうかを考え、分解をするかしないかを判断していくようにしましょう。

　データの切り口が今回のように4つぐらいであれば、何か見えてくるかもしれませんので、分解をしてみるという選択もなくはありません。

　ただ、切り口が10、20と増えてくると、おのずとすべての切り口で分解はできなくなります。分解をして意味がありそうかという視点をもって、どの切り口で分解をするかを取捨選択するということを意識しておきましょう。

さらなる候補として、年齢別、男女別といった切り口も考えられます。ただ、これらの切り口は、先ほど分解をした、商品別、担当者別、時間帯別とは、ちょっと違った意味をもつことになります。年齢別、男女別と商品別、担当者別、時間別の違いは何でしょうか。

　前者は顧客の情報、後者は売り手の情報という違いがあります。つまり、後者の分解は、レジに残った情報からおそらく分解することが可能ですが、年齢別や男女別は顧客の情報、誰が買ったかをしっかりと記録をしておかないと実は分解ができない情報です。
　分解は大事ですが、分解をするために情報をこちらから取得しなければならないケースがあるということを押さえておきましょう。

　最後に、もうひとつ大切なことが、「切ってみること」と「その結果、何かが見えるかどうか」はまた別であるということです。得てして、どの切り口で分解すればいいのかと考えがちですが、結果が出るかどうかは、分けてみないとわかりません。
　したがって、結果が見える「正しい」切り口を選ぼうと考えるのではなく、結果が見える可能性のある切り口を複数考え、実際に分解をしてみることを心掛けましょう。

 STEP UP!

　ある大学への合格を目指すあなた、どの予備校に入るか迷っています。調査した結果、以下の情報がわかりました。さて、どちらの予備校を選びますか。

	理系			文系		
	受験者数	合格者数	合格率	受験者数	合格者数	合格率
A予備校	160	48	**30%**	40	24	**60%**
B予備校	20	4	20%	80	40	50%

まず、理系の合格率を比べてみましょう。Ａ予備校の理系の合格率は、30％、Ｂ予備校の理系の合格率は20％です。理系については、Ａ予備校の合格率の方が高くなっています。

　次に、文系の合格率を比べてみましょう。Ａ予備校の文系の合格率は、60％、Ｂ予備校の文系の合格率は50％です。文系についても、Ａ予備校の合格率の方が高くなっています。

　Ａ予備校の方が、理系、文系共に合格率が高くなっていることがわかります。

　では、理系、文系を合わせた合格率を出してみましょう。Ａ予備校の受験者数は、

　理系 160 人 + 文系 40 人 = 200 人

　合格者数は、

　理系　48 人 + 文系 24 人 = 72 人

　よって、全体の合格率は、

　72 人 ÷ 200 人 = 36％ になります。

　Ｂ予備校の受験者数は、

　理系 20 人 + 文系 80 人 = 100 人

　合格者数は、

　理系 4 人 + 文系 40 人 = 44 人

　よって、全体の合格率は、

　44 人 ÷ 100 人 = 44％ になります。

	全体		
	受験者数	合格者数	合格率
Ａ予備校	200	72	36%
Ｂ予備校	100	44	**44%**

理系、文系それぞれでの合格率はA予備校の方が優れていましたが、全体の合格者数は、B予備校の方が優れているということになります。

もうひとつ、以下のケースを見てください。

	受験者数	合格者数	合格率
C予備校	100	40	40%
D予備校	100	50	**50%**

	男子			女子		
	受験者数	合格者数	合格率	受験者数	合格者数	合格率
C予備校	80	24	**30%**	20	16	**80%**
D予備校	20	2	10%	80	48	60%

C予備校とD予備校、全体の合格率は、C予備校は40%、D予備校は50%となっています。全体の合格率は、D予備校の方が優秀です。

一方で、男女別で見てみましょう。C予備校の男子の受験者数は80人、男子の合格者数は24人、その結果、男子の合格率は、24÷80＝30%になっています。

C予備校の女子の受験者数は20人、女子の合格者数は16人。その結果、女子の合格率は、16÷20＝80%になっています。

C予備校の全体の受験者数は、男子80人＋女子20人＝100人
全体の合格者数は、男子24人＋女子16人＝40人
全体の結果と数が同じであることを確認しておきましょう。

同様に、D予備校を男女別で見ておきましょう。
D予備校の男子の受験者数は20人、男子の合格者数は2人。
その結果、男子の合格率は、2÷20＝10%になっています。

D予備校の女子の受験者数は80人、女子の合格者数は48人。

その結果、女子の合格率は、48 ÷ 80 = 60%になっています。

D予備校の全体の受験者数は、男子 20 人＋女子 80 人＝100 人
全体の合格者数は、男子 2 人＋女子 48 人＝50 人
全体の結果と数が同じであることを確認しておきましょう。

男女別に見ると、
C予備校の男子の合格率 30%　女子の合格率 80%
D予備校の男子の合格率 10%　女子の合格率 60%となり
男女共にC予備校の方が優秀な結果であるという結果になります。

　これは「シンプソンのパラドックス」と言われる現象で、全体に注目するか、部分に注目するかによって、評価が異なることがあるということです。
　したがって、基本は分解ですが、あえて足し上げるということを行ってみる、もしくは、全体の傾向と部分をみた場合の傾向に違いはないかという視点で両方を押さえることも忘れないようにしましょう。

まとめ

- ✓ 意味がありそうな複数の切り口で分解してみよう
- ✓ 可能性で評価するのであって、見つけることを目的にしない
- ✓ どこで分けるかを考えなければならないケースもある
- ✓ 分解のために取りにいかなければならない情報もある
- ✓ 足し上げたり、全体をみたりすることも忘れないようにしよう

掛け算型で分解する

掛け算型で分解ができると、「比率」の考えを持ち込むことができるため、より豊かな解釈が可能になります。一方で、「比率」であることの注意点もしっかり理解しておく必要があります。足し算型とあわせて使っていくために、どう分解すればいいのか、そして、注意点は何なのでしょうか。

あなたは、ファーストフード店の店長補佐。テイクアウトの需要を上手く取り込むことができ、今月の売上は、前年比で5%と若干ではありますが、伸ばすことができました。

	前年度	今年度	伸び
売上	1000万円	1050万円	105%

5%の増加の内訳を確認するべく、売上を単価と客数で分解をしてみたところ以下のような状況であることがわかりました。

	前年度	今年度	伸び
売上	1000万円	1050万円	105%

	前年度	今年度	伸び
単価	500円	700円	140%
客数	20000人	15000人	75%

単価は、500円から700円に、率にすると1.4倍になっています。一方で客数は、20000人から15000人へと5000人、率にすると前年比で75%になっていることがわかります。

　昨年からの5%の伸びは、

1.05 ＝ 1.4（単価）× 0.75（客数）

という内訳であることがわかりました。5%増という全体の変化の内訳を掛け算の形で明らかにすることができます。

〖 POINT 〗

❶ 全体を確認する
❷ 数量（もしくは単価）で割る

❶ 全体を確認する

　合計値となる数字をまず押さえます。先の例では、売上になります。

❷ 数量（もしくは単価）で割る

　数量と単価、いずれかで割ることで残った要素が計算できます。一般的には、数量の方が認識しやすい数ですので、売上を数量で割って、単価を算出するという流れになることが多くなります。

演習問題

　あなたは、コンサルティング会社に勤める若手アナリスト。次にアサインされたプロジェクトは、ある航空会社の案件。まずは、概況を理解しようと売上を分析してみることにしました。その結果、昨年度と比べて今年度の売上が5%伸びていることがわかりました。

5%の伸びは、どこから発生しているのか、どう掛け算型で分解すればよいかを考えてください。

	昨年度	今年度	伸び
旅客売上	1兆2900億円	1兆3500億円	105%

解答

利用客数を算出して、総売上を利用客数で割り、単価を求め、比較していくこともひとつの流れです。ただ、ここでひとつ注意点があります。航空会社ということを考えると、国内線と国際線で先に大きく分けた上で、客数と単価に分けてみるというアプローチをした方がよさそうです。

なぜなら、客数の多さも国内線と国際線ではおそらく違いますし、何より単価が大きく異なるはずです。客数と単価は、非常にシンプルでわかりやすい考え方ですが、大きく性質の異なるサービスがある場合には、まずサービスごとに足し算型で分けた上で、単価と数量に分けるようにしましょう。

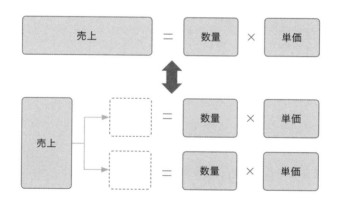

実際に、計算すると以下のようになりました。

		昨年度	今年度	伸び
	旅客売上	1兆2900億円	1兆3500億円	105%

		昨年度	今年度	伸び
国内線	売上	6900億	7000億	101%
	客数	4400万人	4400万人	100%
	単価	15700円	15900円	101%
国際線	売上	6000億	6500億	108%
	客数	970万人	1000万人	103%
	単価	62000円	65000円	105%

　国内線と国際線を比較すると、国際線は108%と伸びていますが、国内線は101%とほとんど伸びていません。そして、国際線の客数と単価については、客数が3%、単価が5%伸びており、これが、全体の5%の伸びにつながっていると考えることができます。

　単に、総売上と5%の伸びだけでは見えてこなかった事象が、単価×客数というシンプルな分解をするだけでも見えてきます。

　また、単価×数量に、もうひとつ、頻度を加えて考えることもできます。単価×数量は、1回の購買の単位ですので、それに頻度を掛けて全体を表現することもあります。

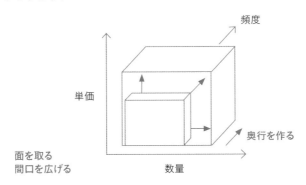

　1回当たりの取引に対して、「面を取る」や「間口を広げる」、そして、そこに頻度を加えることで「奥行を作る」と言われたりします。**繰り返し性がある商材の場合は、頻度も考慮にいれるといいでしょう。**

単価×数量は非常にシンプルですが、他にも様々な示唆をもたらしてくれます。単価×数量という観点で、大学、ホテル、ファーストフードを例にちょっと考えてみましょう。

まず、大学ですが、これは、「単価」は決まっているサービスです。入学金と授業料は、基本固定です。また、基本的には一生に一度の商材です。リピーターという概念のあまりないビジネスということになります。

したがって、いかにして新規の顧客を増やせるか、取り続けることができるかという点が重要になります。

次にホテルですが、これは逆に客数の上限が決まっているサービスです。

したがって、単価をどう上げていくかも勿論ですが、いかにして「稼働率」を高めることができるかが鍵となってきます。空室であっても、それなりにコストを要するからです。

これらと比べると、ファーストフードは、単価と客数についての制約は特にありません。そして、リピートという概念も大事です。先ほどの3次元で考えていくタイプのサービスと考えてよいでしょう。

このように、シンプルな分け方ですが、単価、客数で考えるだけでも、どういう特性をもったビジネスなのかということについても示唆が得られます。実際に分解してみることに加えて、定性的な意味合いもあわせて考えていくようにしましょう。

 STEP UP!

では、最後に単価×数量以外の掛け算型の分解を紹介しておきましょう。

● **全体に対する比率**
全体と部分の割合を表す考え方です。シェアなどが代表的な例になりま

す。もしくは、商品別の構成比などを算出し、自社の中でどの商品の位置付けが大きいのかその重要度を確認するために使います。

● 時間軸での比率

ある時点でのデータとその後のある時点でのデータについて、どれだけ伸びているのか、減っているのかをみる考え方です。成長率などが代表的な例です。そして、この成長率を複数年追いかけることで、どのような推移でここに至っているのかがわかります。

新規に始めたもの以外は、必ず過去の経緯にあたれるはずですので、すべてのものの分解に適用することが可能な視点です。前年と比べて、増えているのか減っているのか、現状が変化してきていると捉えるのか否か、さらにはその変化は将来どのようになるのか（続くのか、続かないのか）などの示唆をもたらしてくれます。

● プロセス

そして、最後がプロセスです。例えば、採用人数を分析するために、応募数、面談者数、内定者数、採用者数とより上位のプロセスに遡り、どのような推移で最終的な現在の状況が達成されているかを見ていく視点です。

最初の状態から最後の状態までの流れの中で、どのような変化をたどるかを押さえ、どこからどこへのプロセスに問題があるのかを押さえることができます。

まとめ

- ✓ 単価×数量はシンプルな分解だが示唆はいろいろと得られる
- ✓ 先に足し算型で分けた方がいい場合がある
- ✓ 定性的な意味合いも考えてみよう
- ✓ 比率や推移も掛け算型の延長
- ✓ 連続性の中で利用することでより効果を発揮する

未来の事象を分解する

分解は、過去の結果に対して行うだけではありません。正確には
どうなるかわからない未来を予測するためのポイントも、やはり
分解です。基本的なアプローチは、分けて考えて、積み上げてい
くことです。では、どのように分けて、積み上げていけばよいの
でしょうか。

　今年度の売上は、1200万円でした。来年度の売上を予測してください。
さて、どのように考えていきますか。

　まず、直観として、「ざっくり1800万円」と思いつきで、予想してみるこ
とが可能です。ただ、これでは、誰も納得してくれません。
　そこで、「来年度の売上＝今年度の売上×成長率」と売上を掛け算型で表
現し、成長率が150％になるという想定で、1800万円と予測してみるのはど
うでしょうか。直観とそう大きな差はないかもしれませんが、「来年度の売
上＝今年度の売上×成長率」と式で表されている分、理屈がわかるため、少
し安心感をもつことができます。
　後は、150％の成長が可能であるということについて、どれだけ根拠を
もって説明できるかということが大切です。

　では、これまで学んだ分解を使って予測をしてみましょう。
　まず、足し算型で分解をしてみます。例えば、今年度の売上1200万円を
商品別に分解してみましょう。1200万円＝700万円（商品A）＋500万円（商

品B）だったとします。

　700万円だった商品Aは、堅調な成長で1000万、500万円だった商品Bは大きな伸びが期待できるので800万円。結果、1000 ＋ 800 ＝ 1800万円だろうと予測をします。

	今年度		来年度
売上	1200	→	1800
商品A	700	→	1000
商品B	500	→	800

（単位　万円）

　今度は、掛け算型で分解をしてみます。仮に、1200万円 ＝ 3万（単価）× 400（客数）だったとしましょう。

　3万円だった単価は、3.6万円ぐらいまでは伸ばせそう、客数の400人は、500人までは期待ができるのではないかと考え、3.6万円 × 500 ＝ 1800万円と予測をします。

	今年度		来年度
売上（万円）	1200	→	1800
単価（万円）	3	→	3.6
客数（人）	400	→	500

　さて、ここまで、4つの方法で来年度の売上を予測してみました。

1　直観で考える
2　今年度の売上に対して、成長率を考える
3　今年度の売上を商品別に分解し、商品ごとにどのくらいになるか考える
4　今年度の売上を単価×客数に分解し、単価、客数ごとにどのくらいになるか考える

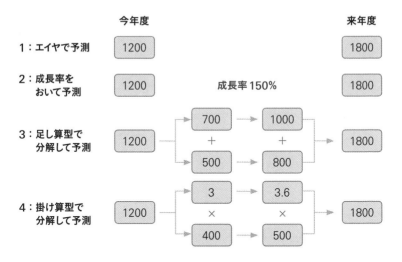

　いずれも、どのぐらいの伸びになるのかという点については、根拠づけが必要です。ただ、売上を売上総額のまま捉えているよりは、商品別に分けて考える、単価と数量に分けて考えるということで考えやすくなります。

　また、総額での「エイヤ」ではなく、要素ごとに積み上げることになる分、説得力も増してきます。<mark>未来に対しても、分けてみて、分けた要素ごとに予測していくということを心掛けましょう。</mark>

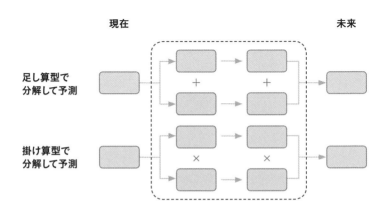

| POINT |

❶ 対象を分解する

❷ 分解した要素ごとに推測をする

❶ 対象を分解する

　求めたい対象を掛け算型でも足し算型でもどちらでも構わないので、分解をします。

❷ 分解した要素ごとに推測をする

　分解した要素ごとに、どのぐらいの値になりそうなのか推測をします。できる限り、根拠を置きながら推測をしていきましょう。

演習問題

　未来を予測するテーマとして、大ヒットした「鬼滅の刃」の影響を受けて、剣道人口がどれだけ増えるのかを考えてみることにしましょう。

解答

❶ 対象を分解する

　まず、新たに剣道を始める人を以下のように分解します。

　新たに剣道を始める人＝(A) 新たに剣道をする可能性のある人×(B) その中で新しく剣道を始める人の割合

❷ 分解した要素ごとに推測をする

　次に、分解した要素ごとに推測をします。(A) から考えてみましょう。

これは、（総人口）×（新たに剣道をする可能性のある人の割合）で考えることができます。総人口は、約1億2000万人、このうち、剣道を始める可能性がある人を年齢軸で具体的にイメージしてみます。防具を揃えるといった始めるための投資が必要な競技であること、また、大人が気軽に始められる環境が多くある訳ではないことから、部活や少年を対象にした道場が受け皿となる小中学生が候補となると考えることにします。

　小中学生の年齢は、6歳から15歳、簡単のために、総人口は80歳を上限に、各年代の人口比率が均等だと仮定すると、6歳から15歳の人口比率は、大よそ、総人口の8分の1となります。剣道を始める可能性のある人は、

　1億2000万人×（8分の1）＝1500万人

　と計算することができます。

　次に（B）を考えてみましょう。小中学生のうち、何人に1人ぐらいが実際に剣道を始めるのか、100人に1人、もしくは、1000人に1人なのかをイメージすることになります。ここは明確に根拠が持てる訳ではありませんが、より具体的に考えてみることは、イメージを膨らませることにつながります。例えば、小学校の規模を具体的にイメージして、考えてみましょう。仮に、学年毎に3クラスあり、1クラスの人数は、30名ぐらい……と想定してみます。

　そうすると、100人に1人となると、学年に1人新しく始める人がいるということになります。学年に1人は、多いということであれば、小学校全体で1人と考えることもできます。その場合は、600人に1人になります。勿論、小学校の規模もそれぞれですので、一概には言えません。ただ、100人に1人なのか、1000人に1人なのかを、なんとなく決めるのではなく、100人1人ってどのような程度の割合になるのかが具体的にイメージできるまで考えてみる習慣をつけるようにしましょう。ここでは、間をとって、3学年で1人、つまり、300人に1人が新しく剣道を始めると考えることにします。

　さて、これで、必要な情報は算出できました。最初に分解をした式に基づき、

新たに剣道を始める人＝（A）1500万人×（B）（300人に1人）＝5万人
と推測することができます。

 STEP UP！

新たに剣道を始める人を考えて5万人という数字を出しましたが、5万人
という数字以上に実は、前提が重要です。算出までに置いている前提が何か
をしっかり押さえていきましょう。

まず、新たに剣道をする可能性のある人を総人口に対して、年齢比で8分
の1は母集団となり得るとしています。ただ、厳密にはここから、既に剣道
をやっている人は除いて考える必要があります。

逆に1500万人をざっくりと母集団に考えるということの前提は、今剣道
をやっている人口が1500万人に対してはそう大きくはないという前提で考
えているということになります。

また、その中で新しく剣道を始める人の割合を、300人に1人としました
が、もし、剣道を始める人の割合が、小学生低学年、小学生高学年、中学生
で違うかも知れないという想定に立てば、計算は以下のようにより丁寧なも
のになります。

（新たに剣道を始める人）
＝（A1 新たに剣道をする可能性のある小学生低学年）×（B1 その中で
新しく剣道を始める割合）＋（A2 新たに剣道をする可能性のある小学生高
学年）×（B2 その中で新しく剣道を始める割合）＋（A3 新たに剣道をす
る可能性のある中学生）×（B3 その中で新しく剣道を始める割合）

そして、最後に考えておかなければならないことが、「鬼滅の刃」との因
果関係です。300人に1人ぐらいが剣道を始めるだろうと想定しましたが、
もともと剣道をやろうと考えていて、たまたまこの時期に始めたという可能

性もなくはありません。

　因果関係の特定はそもそもで難しいのですが、他の要因を含んでいるということも理解しておきましょう。

　5万人という数字を算出しているロジックとそのロジックの前提として以下の3つが理解できていることが実は重要です。

1　既存の剣道人口も含む母集団になっている
2　剣道を始める人の割合を一律に設定している
3　「鬼滅の刃」との明確な因果関係までは押さえられていない

　実際に全日本剣道連盟のHPによると、2021年3月末日現在の「剣道」有段者登録数は197万2002人となっています。過去に剣道をやっていて今は特に活動はしていない状態の人も含まれていることになりますが、この197万人という人数に対して、新しく剣道を始める人が5万人というのは、そうはずれた値ではないかも知れません。

　ざっくりと規模を見積もる際には、一般的に10倍、もしくは、10分の1、つまり「0」がひとつずれる範囲までであれば、許容の範囲と考えられています。

　また、同HPの事業報告によると最近の初段合格者数の推移は以下の通りとなります。

	初段合格者数（人）
2020年	22641
2019年	25025
2018年	32013

　残念ながら近年は、減少傾向にあります。初段の受審資格は、中学から開始されることを踏まえると「鬼滅の刃」に影響を受けて剣道を始めた小学生が初段の審査を受けるのは、5から6年後、そのタイミングで上昇に動いていれば、この因果関係が少し説明されることになります。

未来を正確に予測することは難しいですが、思いつきの数字をいきなり考えるのでは、なんの根拠もないですし、理解も得られません。求めたいものを式にする、要素ごとにできる範囲で積み上げるということを通して、ようやくあたりをつけることができます。

　そして、どこかのタイミングでは結果を得ることができるため、自身が考えたストーリーのどこがあっていてどこが違っていたのか、前提の何があっていて、何が良くなかったのかということをしっかり振り返ることができることが重要です。これを繰り返すことで、未来に対する分解と予測の精度が少しずつあがっていきます。

　みなさんの身の回りで起こっていることを観察し、関心のあるテーマを出発点に未来の事象を分解して、予測してみましょう。

まとめ

- ☑ できる範囲で分解して式にしてみよう
- ☑ 要素ごとに予測して積み上げることを心掛けよう
- ☑ 結果としての数字より、仮定のロジックと前提の共有の方が大切
- ☑ 桁をずらさないことを心がけよう
- ☑ 結果を確認し、振り返りをし、繰り返していくことが力になる

CHAPTER 2

何が見えているのか 「事象」を考える

3

なぜそうなるのか「理由」を考える

「何が」起こっているのか、「何が」起こりそうなのかがわかったら、いよいよ、「なぜ」＝その理由を考えることになります。問題解決は、この「なぜ」を明らかにするために行っていると言っても過言ではありません。ただ、この「なぜ」を明らかにすることは、実は難しいのです。その理由は、一言で言うと、誰にも本当のところはわからないからです。ただ、なんとなくそうではないかというレベルから、おそらくこれで合っているだろうというレベルにまで、可能性を高めることはできます。このCHAPTERでは、「なぜ」の精度を上げていくための方法を学びます。

安心して、次に進む

何が起こっているかを明確にして、その原因を考える。これも問題解決で、よく言われることです。では、原因はどのタイミングで考えればいいのでしょうか。逆に、「何が起こっているのかを明確にする」ことは、いつその手を止めていいのでしょうか。安心して次に進むためにはどうすればよいのでしょうか。

　今月の売上が前月に比べ、100万円下がってしまいました。原因を究明すべく店舗別に比較をしたところ、以下のようになりました。A店の落ち込みが最も大きく、前月との差は50万円です。A店に問題があるとして、その原因を考えていってもよいでしょうか。

	前月	今月	差
売上	1000	900	**−100**

	前月	今月	差
A店	300	250	**−50**
B店	300	275	−25
C店	400	375	−25

(単位　万円)

　確かに、3店舗の中ではA店の落ち込み額が一番大きい状態です。どこかの店舗にフォーカスして調べていくのであれば、A店を中心に考えるのもひとつのやり方です。

　しかし、全体での売上の落ち込み額は100万円、A店の落ち込み額は50万円です。A店の影響はそれなりにありそうですが、A店の落ち込み額だけで

は、全体の落ち込み額のすべてが説明できている訳でもなさそうです。

　そこで、さらに商品別で分解をしたところ、以下のようになりました。商品別で見ると、商品Xの売上が全店舗で減少していることが明らかになりました。商品Xの売上は、前月が450万円、今月が375万円ですので、商品Xの売上は75万円、落ち込んでいることになります。全体の落ち込み100万円に対して、すべてではないものの、ある程度が説明できそうです。

売上	前月			今月		
	商品X	商品Y	合計	商品X	商品Y	合計
A店	100	200	300	75	175	250
B店	150	150	300	125	150	275
C店	200	200	400	175	200	375
	↓	↓	↓	↓	↓	↓
	450	550	1000	375	525	900

(単位　万円)

　さらに詳しく調べてみると、A店は店長が交代したばかりでメンバーとの関係性がまだ上手く構築できず、店舗として体制が作れていなかったことがわかりました。また、商品Xについては、競合が類似商品を市場に投入し、その影響で売れ行きが鈍っていたということも判明しました。同時に2つの問題が発生していたことになります。

　このように発生している問題はひとつとは限りません。複数の問題が同時に発生している可能性もあります。その場合は、分解をした結果、ひとつの特徴的な事象がわかったとしても、その特徴だけでは、起こっていることのすべての説明がつかないことになります。もし、説明がつかないのであれば、他に特徴的な事象がないか、さらに分解を続けていく必要があるということです。

　分解をいつ止めてよいかは、分解をした結果、見えてきた事象で起こっていることのすべてが説明できるかどうかで判断をすればよいということになります。

❶ 大本の問題は何なのかを押さえる

出発点となる問題の事象が何なのかをきちんと押さえることが重要です。

今回の例の場合、今月の売上が、前月と比べて、100万円下がっているということになります。

❷ 見えている特徴（穴）を埋めるとどこまで回復するか確認する

分解の結果、見えてきた特徴（穴）がもしなかったとすると、大本の問題がどこまで回復するかを確認しましょう。

今回の例では、店舗別で分解して見えてきた特徴は、A店の落ち込みでした。A店の落ち込み額は50万円ですので、A店の落ち込み額がもしなかったとしても、全体として100 − 50 ＝ 50万円がまだ存在することになります。100万円の落ち込みの半分に相当する影響しか説明できていないので、他の特徴（穴）を探していく必要があります。

そこで次に、商品別で分解をしてみました。見えてきたことは、商品Xの落ち込みです。「A店の落ち込み」と「商品Xの落ち込み」の両方がなく、もし、前月まで同程度だったと仮定すると、ちょうど100万円の差分が埋まることになります。これで、全体が説明できることになります。

	今月		
	商品X	商品Y	合計
A店	75	175	250
B店	125	150	275
C店	175	200	375
合計	375	525	900

	（A店、商品Xが前月同等の場合）		
	商品X	商品Y	合計
A店	75→100	175→200	250→300
B店	125→150	150	150
C店	175→200	200	200
合計	375→450	525→550	900→1000

	前月		
	商品X	商品Y	合計
A店	100	200	300
B店	150	150	300
C店	200	200	400
合計	450	550	1000

（単位　万円）

演習問題

　A、B、Cの3チームが、売上成長率120％を目指して、取り組んだ1年。残念ながら、全体で115％の成長率にとどまってしまいました。チームごとに成長率を計算したところ、Aチームが118％、Bチームが110％、Cチームが114％になりました。

　Bチームが110％と3チームの中で最も低く、足を引っ張ったという可能性があります。Bチームに対して、来年度はさらにしっかりとして計画策定を求めるようにしたいと考えています。さて、問題はないでしょうか。

チーム	前年度（万円）	今年度（万円）	成長率	目標
A	100	118	118%	120%
B	50	55	**110%**	120%
C	100	114	114%	120%
	250	287	115%	120%

解答

　確かに、目標の120％に対して、最も差が大きいのは、110％のBチームです。問題視する理由はあります。ただ、Bチームを問題視するだけでよいかを確認するために、Bチームの成長率が目標の通り120％であった時に、どこまで回復するかを確認しておきましょう。

今回の演習は、冒頭の事例とは異なり、成長率という比率で目標が表現されています。冒頭の事例は、売上の額が問題だったので、もし問題がなかったとしたら、どこまで回復するのかは、足し算のみで簡単に計算ができました。

しかし、今回の成長率は、相対的な値になりますので、計算がひと手間増えることになります。成長率だけでなく、実際の額としてどれだけのインパクトがあるかを確認していく必要があります。

Bチームの目標額は、前年度が50万円だったので、成長率が120%だとすると、50×120%＝60万円が目標額となります。仮にBチームが目標額を達成したとすると、全体の今年度の売上は292万円、成長率では117%となります。目標の120%には、まだ3%足りないということになります。

チーム	前年度（万円）	目標	目標額（万円）	今年度（万円）	成長率
A	100	120%	120	118	118%
B	50	120%	60	**55→60**	**120%**
C	100	120%	120	114	114%
	250	120%	300	**292**	**117%**

チームごとに前年度の実績に対して、120%の成長をした場合の目標額をきちんと算出し、目標額に対して、どれだけ足りないかという差分を実数で計算すると次のようになります。

チーム	前年度（万円）	目標	目標額（万円）	今年度（万円）	目標との差（万円）	成長率（万円）
A	100	120%	120	118	−2	118%
B	50	120%	60	55	**−5**	110%
C	100	120%	120	114	**−6**	114%
	250	120%	300	287	−13	115%

目標額に対して、金額的に最も差分が大きいのはCチームそして、次がB

チームということがわかります。成長率だけに着目すると、Bチームに問題があるように見えましたが、目標額に対しての差分に着目すると、BチームとCチームの両方に問題があるように見えます。

では、ここで、BチームとCチームがどちらも目標額を達成していた場合に、どこまで回復するかを計算してみると、次のようになります。目標額との差分は2、成長率も119%まで回復しますので、BチームとCチームを中心に来年度へ向けた施策を重点的に考えていくということもできそうです。

チーム	前年度（万円）	目標	目標額（万円）	今年度（万円）	目標との差(万円)	成長率（万円）
A	100	120%	120	118	−2	118%
B	50	120%	60	55→60	0	120%
C	100	120%	120	114→120	0	120%
	250	120%	300	298	−2	119%

さて、今回のデータ、BチームとCチームに問題があるということは、最初のデータからも当たりをつけることはできます。120%の目標に対して、Bチームが110%と最も低く、Cチームが114%、一方で、Aチームは118%と未達ながら、120%に近い数字を残しています。したがって、問題があるとすれば、BチームかCチームと考えることは自然です。

では、次の表を見てください。

チーム	前年度（万円）	今年度（万円）	成長率	目標
X	25	27	108%	120%
Y	25	27	108%	120%
Z	200	233	117%	120%
	250	287	115%	

成長率を見ると、XチームとYチームは108%、Zチームは、117%となっています。ので、問題は、XチームとYチームにあるように見えます。しかし、先ほどと同じように目標額との差分を算出すると次のようになります。

チーム	前年度（万円）	目標	目標額（万円）	今年度（万円）	差分（万円）	成長率（万円）
X	25	120%	30	27	−3	108%
Y	25	120%	30	27	−3	108%
Z	200	120%	240	233	**−7**	117%
	250		300	287	−13	115%

　率だけを見ればZチームは問題ないように見えましたが、目標額に対する差分に着目すると実はZチームが最も大きいということがわかります。これは、Xチーム、Yチームの目標額とZチームとの目標額がそもそも大きく異なるということに原因があります。このように、元々の構成比によって、実数のインパクトは変わりますので、率だけで単純に判断してはいけないということです。

　データは今回のように率で与えられる場合もあります。その場合は、実数でいくらになるかもあわせて考えておく必要があります。問題と見える箇所を埋めて、どこまで回復するかを考えることは、実は実数でいくらになるかを考えることにつながります。データが最初から実数で与えられている時は勿論、率の場合にも有効な手段になります。
　問題箇所が見えたら、その問題箇所を埋めてみる。どこまで回復するかを確認した上で、次に進めていくようにしましょう。

 STEP UP！

　では最後に、もうひとつ、演習をしてみましょう。次の表は、昨年度と今年度の案件数と受注数をまとめたものです。
　全体の受注率は50%から41%へ下がっています。理由は、どうやら今年

度の1Qにありそうです。案件数は、7件に対して、受注は0件となっています。この1Qが、受注率9%減の理由であると説明するためにはどうしたらよいでしょうか。

	昨年度（件）		今年度（件）	
	案件	受注	案件	受注
1Q	9	6	7	0
2Q	12	5	11	6
3Q	11	5	10	4
4Q	8	4	9	5
合計	40	20	37	15
受注率	50%		41%	

　これまで同様に、今年の1Qの受注率を仮定して、仮定で計算してみるのもひとつの方策です。ただ、1Qの受注率は、昨年度の平均の50%とすることもできますし、昨年度の1Qの受注率、67%と仮定すると考えることもできます。

　考えたいことは、1Qの実績が、全体の受注率が50%から41%に下がった原因であるということです。言い換えると、今年度の1Qが特殊であったということが言えればよいということになります。
　そこで、問題箇所と思われる場所を除外して計算してみるというのもひとつのやり方としてあります。実際に計算をしてみると次のようになります。

	昨年度（件）		今年度（件）	
	案件	受注	案件	受注
1Q	9	6	-	-
2Q	12	5	11	6
3Q	11	5	10	4
4Q	8	4	9	5
合計	40	20	30	15
受注率	50%		50%	

今年度の1Qを除いて計算をすると、今年度の受注率は50％となり、昨年度と同じ、よって今年度の1Qが特殊であったということがわかります。今年度の1Qが、特殊であったということが定性的にも言えると、特殊な期だったと判断できる合理性がさらに高まります。

そこが問題であったと想定されるのであれば、問題箇所を除いて計算してみるといった形で確認することも可能です。正しい状態であることをどう補ったらよいかがわからない場合、もしくはそこに仮の数字を置くことで全体の評価に影響を与えそうな場合には、「除いてみる」というアプローチができることも押さえておきましょう。

まとめ

- ✅ 安心して、次に進むためにひと工夫しよう
- ✅ 問題箇所を埋めて、どこまで回復するか確認しよう
- ✅ 問題箇所は複数ある場合があることを理解しておこう
- ✅ 穴を埋めてみるアプローチは、率になっている場合にも効果がある
- ✅ 問題がある箇所を除いてみるアプローチも心得ておこう

事象の関係性を視覚化する

因果関係をつきとめていくことが、分析の目的のひとつです。そのためには、起こっている事象の間にどんな関係性があるのかを明確にしていく必要があります。そのための手法が、事象の関係性の視覚化。では、具体的にどのように事象の関係性を視覚化していけばよいのでしょうか。

社内でアンケート調査を実施したところ、以下のような事実が顕著になりました。

・仕事に前向きに取り組めていない
・オンライン会議が増えている
・デジタル化が推奨されている

さて、これら3つの事象には、関係性がありそうです。どんな関係性になっていそうか、視覚化してみましょう。

図1

考えられる可能性のひとつは、図1 のように、デジタル化が推奨された結果、オンラインでの会議が増え、その結果、仕事に前向きに取り組めていないというものです。3つの事象が順番に起こっていると考えることができそうです。

　一方で、図2 のような可能性もあります。大きな流れは、図1 と同じですが、デジタル化が推奨されていることと仕事に前向きに取り組めていないということが直接つながっている点が違いです。

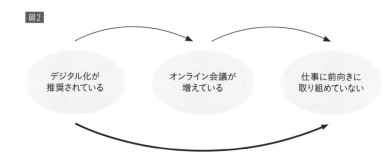

図2

デジタル化が
推奨されている

オンライン会議が
増えている

仕事に前向きに
取り組めていない

　図1 の状況であると仮定すると、仕事に前向きに取り組めていないことの直接的な原因は、オンライン会議の増加になります。オンライン会議の何が問題なのかをさらに調べていくことなります。

　一方で、起こっていることが、図2 であると考えるのであれば、デジタル化が推奨されていることが仕事に前向きに取り組めていない原因の可能性があるということです。求められるスキルや変化していく環境に上手く適応できていないということも考えられるということです。

　実際には、図1 の状態が正しいのか、図2 の状態が正しいのかは、さらに調べてみないとわかりません。ただ、図に書き出し視覚化することで、起こっている事象の関係性が見えてきます。すぐにどちらが正しいのかはわからないかもしれませんが、これから何を考えていけばいいのか、その方向性を決められるということに価値があります。

事象の羅列ではなく、事象間の関係性を視覚化することを心掛けましょう。

> ▌ POINT ▌
>
> ❶ 事象を書き出す
> ❷ 時間軸でどちらが先になりそうかを考える。どちらの可能性も
> あるのであれば、周辺情報を加え、どちらが妥当かを判断する

❶ 事象を書き出す

先ほどの例を使ってひとつずつ丁寧に考えていきましょう。3つの事象を書き出してみます。順番はわからないので、適当で構いません。

デジタル化が
推奨されている

オンライン会議が
増えている

仕事に前向きに
取り組めていない

❷ 時間軸でどちらが先になりそうかを考える。どちらの可能性もあるのであれば、周辺情報を加え、どちらが妥当かを判断する

まず、「デジタル化が推奨されている」と「オンライン会議が増えている」の2つの事象の関係性を考えてみましょう。

デジタル化が推奨された結果、オンライン会議が増えているのか、オンライン会議が増えた結果、デジタル化が推奨されるようになったのか、どちらかということです。オンライン会議が増えたことがきっかけとなってデジタル化が推奨されるようになったという可能性も0ではありません。ただ、デジタル化が推奨される一環としてオンライン会議が増えたと考える方が妥当そうです。

　では次に、「オンライン会議が増えている」と「仕事に前向きに取り組めていない」の関係性を考えてみましょう。仕事に前向きに取り組めていない結果、オンライン会議が増えているということは、考えにくいので、ここは、オンライン会議が増えた結果、仕事に前向きに取り組めていないという方向性が妥当そうです。

　次に「デジタル化が推奨されている」と「仕事に前向きに取り組めていない」の関係性を考えます。仕事に前向きに取り組めていない結果、デジタル化が推奨されているということは考えにくいため、デジタル化が推奨されている結果、仕事に前向きに取り組めていないと考えることが自然でしょう。

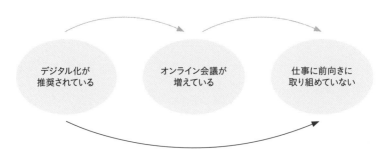

さて、最後に、全体を整理することを忘れないようにしましょう。もし、デジタル化の推奨と仕事が前向きに取り組めていないことに関係性が薄いと考える、もしくは、「オンライン会議」と「デジタル化」を比べた場合に、「仕事に前向きに取り組めていない主な原因」が「オンライン会議の増加」にあると考えるのであれば、図3のようになります。

図3

　一方、仕事に前向きに取り組めていない原因に、デジタル化の推進がある程度、関係していそうということであれば、図4ということになりそうです。

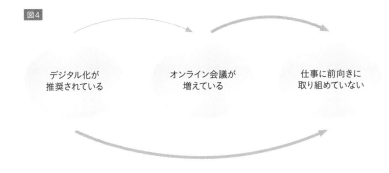

図4

以下の3つの事象が起こっていると仮定した場合、どんな関係性に
なっている可能性があるか、視覚化してください。

・残業が多い
・スキルアップの時間がない
・成果が出ない

解答

まず、3つの事象を書き出してみると、以下のようになります。

残業が多い	スキルアップの時間がない	成果が出ない

次に「スキルアップする時間がない」と「残業が多い」の関係性を考えて
みましょう。

「スキルアップする時間がないから残業が多いのか」それとも「残業が多
いからスキルアップする時間がないのか」。これは両方の可能性がありそう
です。

さらに「成果が出ない」と「スキルアップする時間がない」の関係性を考
えます。

「成果が出ないからスキルアップする時間がないのか」それとも「スキル
アップする時間がないから成果が出ないのか」。これは前者である可能性も
考えられますが、より直接的な解釈としては、スキルアップする時間がない
から成果が出ないと考えられそうです。

ここまでの関係性を整理して視覚化すると以下のようになります。

では、最後に、「残業が多い」と「成果が出ない」の関係性を考えてみます。

「残業が多いから成果が出ないのか」それとも「成果が出ないから残業が多いのか」。これは、後者になりそうです。

以上のことを、視覚化すると下図のようになります。

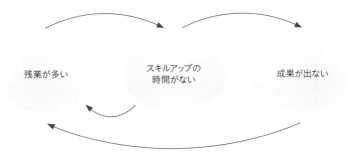

さらに、これをわかりやすく図に表現し直すと、以下のようになります。

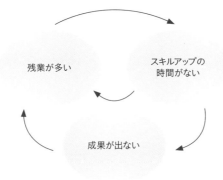

先ほどの例とは違い、3つの事象は、ループになっていて、悪循環に陥ってしまっているということが見えてきました。このように、必ずしもすべての問題が直線の関係性にはならないことを理解しておきましょう。

　循環になっている場合は、どこかの事象を断たないと循環は解消できません。どこのつながりが最も断ち切りやすいのかを考え、対策を考えていくことになります。

　事象の関係性を考えるにあたって、注意が必要と言われている状況が3つありますので、紹介します。

● 因果の取り違え

　ひとつ目は、因果の取り違えです。「海外経験者は、みんな英語が上手い」、これはこれでひとつの可能性として考えられそうですが、一方で、英語が上手い人が優先的に海外経験を積ませてもらっているということも十分に考えられます。

　一見するとその順番で因果関係がなりたっているように感じますが、よく考えると逆のケースもあるということが往々にしてあります。逆の可能性もないのかということをしっかりと考える癖をつけておきましょう。

● ニワトリと卵

　次にニワトリが先か卵が先かで有名な構造ですが、どちらが先でどちらが後かがよくわからないという状況です。広告予算が増えた結果、売上が上

がったとも考えられますし、売上が上がった結果、広告予算が増えたと考えることができます。

　先ほどの循環の例も広い意味ではこれに該当します。厳密にはどちらが先でどちらが後かがわからないケースも存在するということを覚えておきましょう。

● 第三因子の存在

　競合が進出してきたそのタイミングで売上が減少するということが起こると、そこに因果関係があったかのように考えてしまいます。一方で、売上の減少の原因は、提供していたサービスそのものの劣化が原因。そのサービスの劣化を認識して、競合が進出してきたといった状況も考えられます。

　つまり、一見すると因果関係があったように見える2つの事象に対して、共通の原因となる事象が存在しているということです。共通の原因となる要素がないか、注意するようにしましょう。

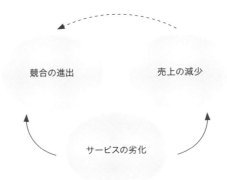

たまたま目につきやすい事象が起こり、そこに原因と結果の関係性がありそうな場合、そのように意味づけをしてしまいがちです。しかし、「そもそも本当にそこに関係性があるのか」「逆ではないのか」「他の原因はないのか」をしっかり考える癖をつけておきましょう。事象の関係性を視覚化することは、その手助けになります。

まとめ

- ☑ 複数の事象を図示化しよう
- ☑ 図示化することは直線でも循環でも状況の理解を補助してくれる
- ☑ 本当にそこに関係性があるのかを疑おう
- ☑ 逆の可能性もないか考えよう
- ☑ 他の事象が共通で影響を及ぼしていないかも意識しよう

理由を根拠づける

なぜ起こっているのか、その理由をつきとめることが問題解決に
おいては、ひとつのゴールです。ただ、理由が「それ」であると
いうことを根拠づけることは、実は難しい行為です。難しさはど
こにあるのか、そして、どのようにすれば、理由が「それ」であ
るという根拠を強められるのでしょうか。

　最近、嬉しいことに、新規の問い合わせが増えています。その理由を考え
てみたところ、WEBサイトのリニューアルが奏功しているのではないかと
いう仮説に行き当たりました。さて、新規の問い合わせ増加の理由が、
WEBサイトのリニューアルにありそうだということを根拠づけていくため
にはどうしたらよいでしょうか。

　まず、WEBサイトのリニューアルそのものが、良かったのかどうか評価
が必要です。見やすくなったとか、わかりやすくなったといったいい評価の
声が複数寄せられているという事実があるとよいでしょう。もしくは、アン
ケートなどをとって、実際にどのように受け止められたのかの評価を行い、
リニューアルそのものが良かったと確認する必要があります。

　次に、そこに関連性があるということを言うためには、WEBサイトのリ
ニューアル後に問い合わせが増えてきているということが必要です。つま
り、順序性があり、時間的に説明がつくということが重要です。加えて、時
間の経過という意味で、2つの事象が離れすぎてはいけません。サイトのリ

ニューアルが1年前であったら、その効果が今出てくるということは考えにくいです。ある一定の時間内に変化があったということが言える必要があります。

　最後に、WEBサイトが新規問い合わせ増加の原因だというためには、それ以外の理由はないということを確かめておくことが肝要です。「CMを変えていない」「セミナーを変えていない」「イベントを開催していない」といった、問い合わせの増加につながりそうな他のアクションには変化がないということを確認しておく必要があります。もし、他の要素にも変化があれば、そちらが効いているという可能性があるからです。

> ▌ POINT ▌
>
> ❶ 言いたいことそのものの評価
> ❷ 時間的な整合を押さえる
> ❸ 言いたいこと以外が影響していないことの確認

❶ 言いたいことそのものの評価
　それが理由だということを根拠づけるためには、その理由となる要素そのものの評価を確認しておきましょう。

❷ 時間的な整合を押さえる
　次に、時間的な整合を考える必要があります。因果関係は、原因と結果、順序性がそこには存在します。原因は結果よりも時間的に早く発生している必要があります。
　加えて、影響を及ぼすと考えられる時間の範囲内で変化があったということを確認する必要があります。いつ発生したことなのかという時間に関するデータと、結果が実際にどのように変化したのかをデータで示せるとよいでしょう。

❸ 言いたいこと以外が影響していないことの確認

最後に、言いたいこと以外の要素が関係していないということをできる限り証明するようにします。実際には、複数の要因が絡んでいる場合も多くあります。積極的に他に影響を与えている可能性がないかを探すようにしましょう。また、定量的なデータが添えられないかということを考えましょう。

先の例において、WEB以外の施策で、問い合わせの増加に関係しそうなセミナーが開催されていたとします。セミナーの開催は、変化に対しては影響を及ぼしていないというためには、例えば、セミナーの開催と今回の問い合わせ増のタイミングは、時期がずれているということが言えるとよさそうです。もしくは、時期は合っていたとしても、セミナー自体は、これまで通りの内容で大きく変えていないということをデータで示せると説得力が上がります。

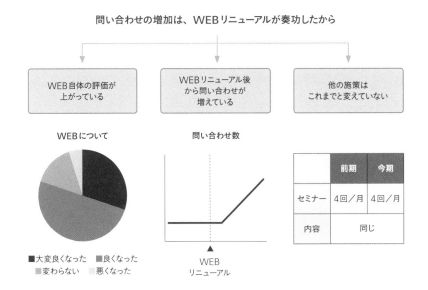

テーマパークに勤めているあなた。最近、入場者数が大幅に伸びています。オープンしたばかりの新しいアトラクションがその理由だろうと仮説を立てました。新しいアトラクションが、入場者数が増えている理由であると根拠づけるためには、どのようなことが言えるとよいでしょうか。

解答

まず、アトラクションそのものに対する評価が必要です。

そのアトラクションに並ぶ人が多いといった、実際に人気があり、多くの人がそのアトラクションを体験している、体験しようとしているという事実が確認できるとよいでしょう。

次に、入場者が増えているタイミングとアトラクションが公開された時期との関係性を確認します。アトラクションが公開された時期と入場者数が増えてきた時期があっていることを確認しましょう。

最後に、新しいアトラクション以外に、入場者数が増える理由がないということを確認しましょう。例えば、新しいアトラクションは複数ないか、値下げなどの販促活動を行っていないかなど、他の要素がこれまでと変化していないかを確認します。

加えて、気をつけておかなければならないことに環境要因があります。例えば、このアトラクションの公開が7月だったとします。そうすると、環境の変化として、「夏休み」になったからという要素が実は加わってきたりします。

要素の変化がないかといった視点で注意を払うことはできますが、季節要因などの環境的な変化は気が付きにくい要素です。前提がそもそもで変わっ

ていないかということも、他の可能性を考える際には注意するようにしましょう。

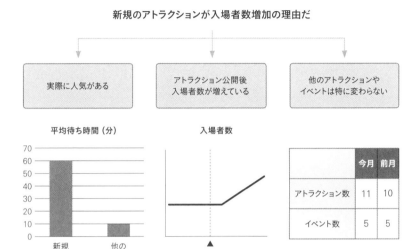

新規のアトラクションが入場者数増加の理由だ

実際に人気がある

アトラクション公開後
入場者数が増えている

他のアトラクションや
イベントは特に変わらない

平均待ち時間（分）

入場者数

	今月	前月
アトラクション数	11	10
イベント数	5	5

新規
アトラクション　　他の
　　　　　　　アトラクション

▲
アトラクション公開

STEP UP !

理由をつきとめる際の難しさを整理しておきましょう。

● 他の影響がないということの証明は難しい

　人は自分の言いたいことの証明に一直線に進みたがる傾向があります。この傾向によって、言いたいこと以外の影響を考慮に入れることがそもそもできない場合が多くあります。

　加えて、仮にその他の影響に意識が及んだとしても、実際に他の要素に影響がないと証明することは難しいです。また、**実際にはひとつの要素が理由ということよりも複数の要素が存在していることの方が多いため、そもそも特定は難しいということを理解しておきましょう。**

● 誰も正解とは言ってくれない

次の難しさは、誰かが正解と言ってくれる訳ではないという点です。問題が解消されたことをもって、それが原因だったのかもしれないとわかります。

また、起こっている事象に対して手を打ち、それがすぐに解消されるということが確認できるケースは、推定した原因が正しかったのだろうと考えることができます。

● 再現性の確認が難しい場合がある

一方で、直接的には理由を確認できないケースもあります。例えば、人が辞める場合を考えてみましょう。原因を考え、対策を打った結果、人が辞めなくなったという事象をもって、その原因が正しかったのだろうと評価することはできます。ただ、すでに辞めた人が本当にその原因で辞めたのかは辞める前に確認しない限りわかりません。また、対策を打っている対象も違う人であり、厳密には同じ状況ではありません。

また、何らかの策を打つことによって、その策の影響が出てしまうこと、さらには、時間的に不可逆であるため、問題が起こっていた時の状態を再現することは難しいです。

したがって、原因を特定するということは、本質的には難しい行為であるということを理解した上で、できる限り根拠づけられるよう、努力していきましょう。

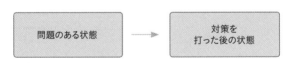

■ 厳密には同じ状態ではない
・そもそも、時間の経過と共に変化している
・対策を打ったことが影響をする

■ 戻って確認をすることができない
・同じ状態を作り出すことが難しい場合がある

まとめ

- ✅ 原因を根拠づけるために数字を準備しよう
- ✅ 原因そのものの評価が重要
- ✅ 時間的に説明がつくかも重要
- ✅ それ以外の要素は関係していないか押さえよう
- ✅ 本来は難しい行為であると理解しておこう

未来に対して根拠をもつ

未来に起こりそうなことに対しても根拠をもつことが大切です。
ただし、未来のことは、正確には何が起こるかわからないという
難しさがあります。未来の事象に対して、根拠の妥当性を高めて
いくためには、どうすればいいのでしょうか。

　未来を予測することは、難しいことです。しかし、そこであきらめてしま
うのではなく、考えようとすることが大切です。そして、**なぜそのように予
測したのかがある程度納得感のある説明をできることが重要です。**

　書店で、AIのプログラミング言語「Python」の本が平積みにされている
のを目撃したあなた。プログラミングの本が売れているという事象を起点に
未来に起こりそうなことを考えてみました。

思考A

　「プログラミングの本が売れているということは、パソコンを使って自分
で何かを作り出したいと考えている人が増えているということだ。そう考え
ると、パソコンを使っての創作は、動画の発信もある。これからは、動画作
成の本なども売れてくるのでは……」

思考B

　「プログラミングの本が売れているということは、これから実際にプログ
ラムを作ってみる人が増えてくるはずだ。プログラミングをすると、他のも

のもパソコンで作ってみたくなるはずだ。今、流行っているのは動画。動画
作成の本なども売れてくるのでは……」

　思考A、B、いずれも、プログラミングの本が売れているという事実から、
動画作成の本が売れるのではという同じ予想となりましたが、**予想そのもの
より、なぜその結論に至ったかのプロセスが重要です。**思考のプロセスを確
認しておきましょう。

　思考Aは、「プログラミングの本が売れている」という事象を起点に、な
ぜその事象が起こっているのかに着目し、その理由を考えています。ここで
は、「パソコンを使って自分で何かを作り出したい人が増えているから」と
しています。その次に「パソコンを使って作り出せる他のもの」を考え、動
画作成の本が売れるのではと結論を出しています。図示化すると以下のよう
になります。

　思考Bは、「プログラミングの本が売れている」という事象を起点に、そ
の事象が起こった結果、どのようなことが起こりそうか考えています。「プ
ログラミングの本が売れた結果、パソコンでプログラムを作成する人が増え
る」と考えています。
　そして、その未来に起こりそうなことを踏まえ、「パソコンで作ることを
経験すると他のものも作りたくなるだろうと予測し、その結果として、動画
作成に向かっていくのでは」と結論を出しています。図示化すると以下のよ
うになります。

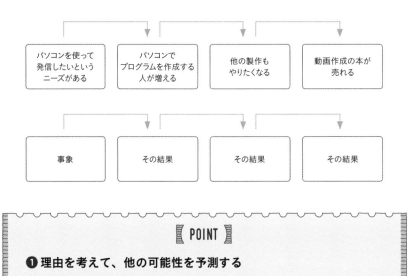

❶ 理由を考えて、他の可能性を予測する
❷ 次に何が起こりそうかを考え、それをつなぐ

❶ 理由を考えて、他の可能性を予測する

　得られた情報をもとに、なぜそれが起こっているのかを考え、他の可能性を予測します。目の前に起こっている事象の原因は複数考えられますので、その原因と捉え方が肝になります。

　先ほどの例も、「プログラミングの本」が売れている理由をパソコンで何か製作したいというニーズがあるからと考えましたが、仮にこれを「パソコンへの関心が高まっている」と考えると、想定されうる他の可能性は、「パソコン教室が流行るだろう」であるとか、「パソコンが売れるだろう」といった結論になる可能性があります。

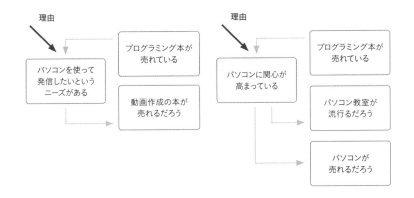

❷ 次に何が起こりそうかを考え、それをつなぐ

　それが起こった結果、次に何が起こりそうかを考えます。先の例の場合、プログラミングの本が売れた結果何が起こるかということです。プログラミングの本が売れ、パソコンで実際に作ってみると、パソコンで何かを作るということに喜びを感じる人が増えることが予想されます。

　そうすると、さらにパソコンを使って何かを作りたいと思うようになり、その結果、動画を作成してみようと考える人が増えるのでは、と考えをつなげていくことができそうです。

　プログラミングの本が売れた結果、何が起こるかは、実際のところはわかりません。ただ、ひとつもち得た情報がある訳ですので、これを起点に考えを進めてみるということになります。

　先ほどは、パソコンで何かを作ることに喜びを感じる人が増えると想定しましたが、逆に、難しくて上手く作れない人が増えるということも考えられます。その結果、パソコン（プログラミング）教室が流行るといったストーリーも考えられます。

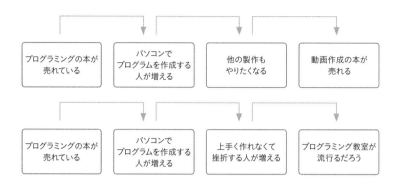

何が結果起こりそうかということも様々な可能性が考えられますので、唯一の正解がある訳ではありません。ただ、判明した事実・事象を起点に、わからないなりに、つながりを作っていくことが重要です。そのためのやり方が2つあります。

・なぜそれが起こっているのか、理由を考え、その理由に基づいた他の可能性を考えること
・その事象が何を引き起こすかを丁寧につなげて考えること

わからないからといって、適当に予想するのではなく、その結論を出すための思考の流れをきちんともっておくことが大切です。

演習問題

新しいワークスタイルとして想定されている「郊外に住む人が増える」からどんなことが予想できるか、2つのアプローチで考えてください。

解答

まず、なぜそれが起こっているのか理由を考え、他の可能性を予測してみましょう。

郊外に住む人が増える有力な理由は、オンライン環境で仕事が問題なくできるようになったからだと考えられます。そう考えると、オンライン環境で、他の活動もカバーすることができるようになるため、オンラインで新たなコミュニティへ参画する人が増えるといったことが考えられます。

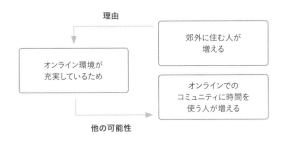

次に何が起こりそうかを考え、それをつないでいきましょう。

郊外に住む人が増えて、オンラインで仕事をする人が増えれば、通勤時間が減りそうです。そうすると、自由に使える時間が増えるので、結果、コミュニティで時間を使う人が増えるだろうと考えられます。

前者も後者もコミュニティで時間を使う人が増えるという同じ結論になりました。しかし、前者はオンライン環境の充実を理由に考えたためオンラインでのコミュニティ参画となり、後者は物理的な時間の余裕が生まれたためリアルでのコミュニティ参画という結論になっています。

どちらの可能性もあることを理解し、その上で「どちらが」もしくは「ど

ちらも」妥当そうかを判断していきましょう。

ここまで、取り組んできたことを整理しておきましょう。未来を予測する
ためのアプローチは2つです。事象を出発点に、理由を考え他の可能性を予
測する。もうひとつは、事象を出発点に、その後どんなことが起こりそうか
をつないでいくというアプローチです。

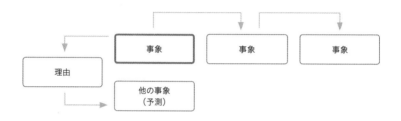

　ただ、これは、ひとつの解釈として示しましたが、実際には、ある事象を
起点に予測をするとしても、以下のようなイメージになります。

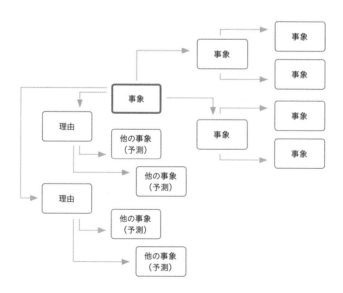

その事象が発生している理由も複数考えられますし、その理由から何が起こりそうかについても、様々な可能性があります。また、その事象が起こった結果、何が起こりそうかについても複数の可能性がありますし、さらに、つないでいくと予測できる事象は広がっていきます。

　自分が立てた予想は、何を起点に、どのように組み立ててその予測に辿りついたのかをしっかりと自身が理解し、そして、共有することが重要です。

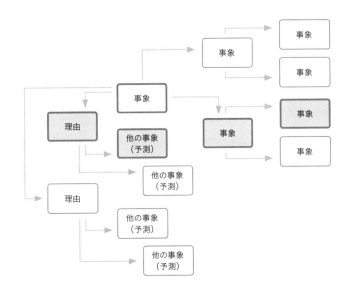

　その上で、留意しておくべき点を確認しておきましょう。

● 矢印が増えるほど、納得感が薄れていく

矢印のつながりに対して、どれだけ説明できるかが、起こりそうなことの確からしさに影響を及ぼします。矢印が増えれば増えるほど、納得感が薄れていく可能性が高いことを理解しておきましょう。

● どこまで共有できているのか

また、流れがしっかりと認識でき、かつ共有できているということが重要です。

例えば、先のプログラミングの本の演習について、考えた流れは以下の通りです。

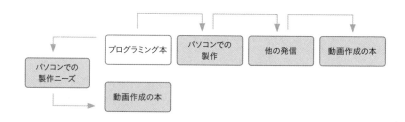

上司に以上の流れについて説明してみて、

「動画作成の本はわからないが、製作ニーズが背景にあることは、納得だ」

「動画作成の本はわからないが、発信ニーズが増すということはありそうだ」

ということになれば、途中までは合意ができているということになります。

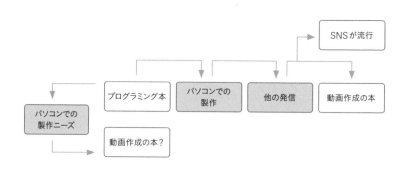

合意できたところがわかれば、それを起点に次を考えていくということが

できます。

　予想とはもともと難しい行為ではありますが、「多分こうだと思う」という思いつきのアプローチではなく、丁寧に理由づけをしながら考えていくことをさぼらないようにしましょう。

　様々な可能性があるため、しっかりと考えている道筋を伝え、どこまでは合意できるかをしっかり共有することも大事です。合意が得られたところを起点に、さらに考えていくという順番で予測を進めていきましょう。

まとめ

- ☑ 予測は難しい行為だが納得感のある説明をできるようにしよう
- ☑ アプローチは2つあるがどのように組み立ててその予測に辿りついたのかが重要
- ☑ 可能性は複数存在するので注意が必要
- ☑ 納得感を得るためには視覚化もしながら合意できている範囲を確認しよう
- ☑ あいまいに進むのではなく不安に思ったら合意できた起点から考え直そう

CHAPTER 4

何をすればいいのか「解決策」を考える

いよいよ、最後のステップ、解決策を考えていきましょう。これまでのステップ同様、ここでも焦りは禁物です。最後にどのような策を打つか、まさに、結果はここに左右されるからです。気をつけなければならないことは、決め打ちにならないようしっかりと考えを広げること。そして広げた後にしっかりと選択肢を絞ること。絞るための基準を出し、その上で、評価を適切に行って最終的にどれを実施するのか、選択をする必要があります。このCHAPTERではよい解決策を考えるためにどうすればよいかを学んでいきます。

選択肢を出す

原因を明らかにした後は、いよいよ解決策を考えます。思いついた策をすぐに実行したいという気持ちになりがちですが、急ぐことは得策ではありません。思いつきの策ではなく、複数の解決策を洗い出した上で、どれにするかを決める、そのプロセスが重要です。では、どのように解決策を洗い出せばいいのでしょうか。

　グローバル化の流れを踏まえ、会社から各自で英語力を強化するようにと通達がありました。そこで、どのように英語力を強化していこうか、色々と考えてみることにしました。

　学校に行く、ラジオを聞く、問題集を解く、いくつかアイディアは出てきましたが、洗い出せている自信がありません。他にもっといい案があるような気もします。そこで思いついたアイディアを整理してみることにしました。

　まずは、ひとつ目に思いついた、「学校に行く」について考えてみます。これはつまり誰かの助けを借りるということです。そう考えると、「誰かの助けを借りるか」、「独力で頑張るか」と大きく2つの方法がありそうです。

　次に、「ラジオを聞く」と「問題集を解く」です。ラジオはおそらく、毎朝、短時間で聞くようなイメージ。一方、問題集は少しまとまった時間が必要となりそうです。解決策は、短時間でできることとまとまった時間が必要なことに分けられそうです。

　また、先ほど考えた、「誰かの助けを借りるか」、「独力で頑張るか」とい

う整理では、後者に該当します。ここで、今考えたことと先ほど思いついた3つの解決策を図示すると、以下のように整理することができます。

　さて、この整理だと、少しバランスがよくありません。助けを借りる場合の解決策をさらにもう一階層、整理することができそうです。独力で頑張る時と同じように、短時間か、まとまった時間かに分けて考えることもできますが、ここでは、社外の人の助けを借りるか、社内の人の助けを借りるかで分けることにします。また、それぞれのカテゴリに対して、2つの候補を出すことを目標にすると、全体像は以下となります。

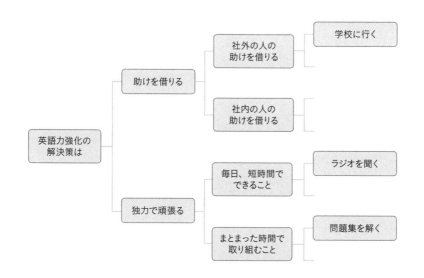

最後に、まだ、出し切れていない空白になっている箇所を考えてみましょう。色々なアイディアが考えられますが、社外の助けについては、学校以外に、ネットを使ったレッスン、社内の助けを借りるという手段については、先輩に教えてもらうか勉強会などを開催し、複数のメンバー同士で学ぶことなどが考えられます。

　独力で頑張ることで、毎日、短時間でできることとしては、例えば、英字新聞を読むことが考えられます。そして、独力で頑張ることで、まとまった時間が必要なこととしては、映画を英語で観るといったことが候補として考えられます。

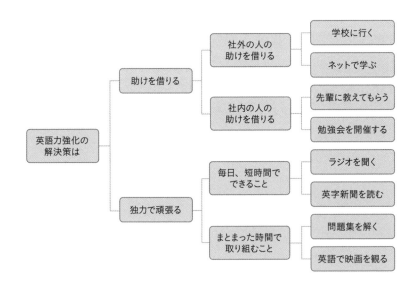

　思いついた3つの案を起点に、整理した結果、8つの解決策の候補を洗い出すことができました。

❶ 思いつく解決策をひとつではなく複数出す

❷ 対の概念を考える

❸ 階層化して思いついたものを整理する

❹ 空いている箇所を埋める

❶ 思いつく解決策をひとつではなく複数出す

　本来は、❷から始めてもよいのですが、対の概念をいきなり考えるというのも難しいものです。まず解決策をアイディアベースで構いませんので、2、3個あげることをスタートとしましょう。

❷ 対の概念を考える

　思いついたアイディアを起点に、その背後にある対の概念は何なのか、考えるようにしましょう。

　今回は、「学校で学ぶ」がひとつ目のアイディアです。学校に行くということは、誰かから教わるということになるので、例えば、誰かの助けを借りるのか、独力で頑張るのかと対の概念を導くことができます。

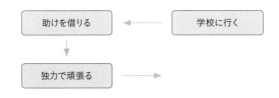

　次に、ラジオを聞くこと、これは、先ほどの整理でいくと独力で頑張る方法のひとつになります。また、問題集を解くも同じく、独力で頑張る方法になります。そこで、別の対の概念を考えることにしましょう。

　例えば、ラジオは毎朝、気軽に聞くことができること、一方で問題集は少しまとまった時間で取り組むことですので、短い時間で取り組めることと時

間をかけて取り組むことで整理することもできます。

❸ 階層化して思いついたものを整理する

こうして出てきた対の概念を階層化して表現すると以下のように表すことができます。

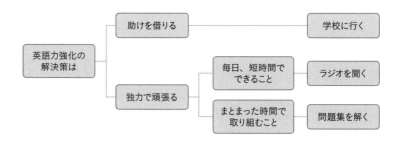

このままでもよいのですが、上側の「助けを借りる」については、もう一階層入れることができそうです。そこで、改めて、学校に行くことの意味合いを捉えるとこれは、社外の助けを借りるということになります。したがって、社内の助け、社外の助けという対の概念を2階層目に入れて、整理し、各要素、2つを目標にすると、以下のように表すことができます。

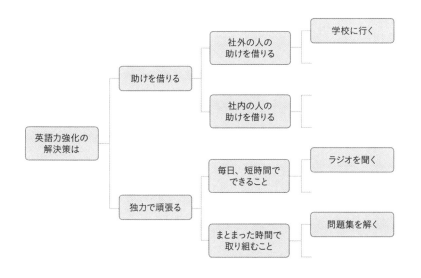

❹ 空いている箇所を埋める

　こうすると、考える枠ができますので、空欄になっている箇所に該当する策がないかを考えていくことができます。

　社外の人の助けを借りることの学校以外の方策としては、例えば、オンラインでの海外ネイティブスピーカーとの英語レッスンなどが考えられます。社内の人の助けを借りることについては、例えば、先輩や英語ができる人に教えてもらう、もしくは、複数名で勉強会を開催するといった方策があります。

　独力で、毎日、短時間で努力する方策としては、ラジオ以外に、英字新聞を読むことが考えられます。同じく独力で、まとまった時間での取り組みには、映画を英語で観るといった解決策が考えられます。

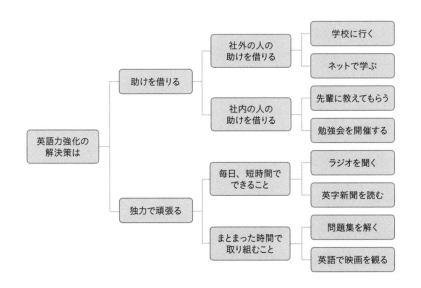

リモートワークが定番化した結果、コミュニケーションの機会が減っているということを問題視し、なんとか改善を図りたいと考えています。さて、どんなアイディアが考えられますか。

解答

　まずは、思いつく解決策を複数個、出してみましょう。

・出社日を決める

・オンラインミーティングの回数を増やす

・オンラインミーティングの時間を長くする

　アイディアベースで3つ出してみました。

　出てきたアイディアのひとつ目は、「出社日を決める」。これは、対面で会う機会を増やしましょうという発想なので、ひとつ目の対の概念は、リアルで頑張るか、もしくはオンラインで頑張ると整理できそうです。

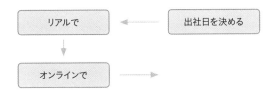

　次のオンラインミーティングの回数を増やすと時間を増やすは、いずれも、オンラインに関する施策です。前述の概念と同じになりますので、対の概念として別のものを考えることにします。今出ている、回数と時間はいずれも量を増やそうという試みになりますので、対の概念として、量の向上と質の向上を採用することにします。

全体像を整理すると以下のようになります。

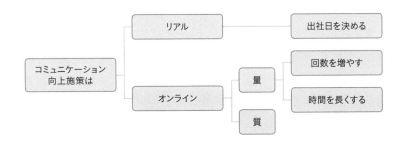

　先ほどと同様に、少しバランスが悪くなっています。リアルで出社日を決めるというのは、おそらく毎週何曜日に来るかといったことを決めるというイメージ、これは、定常的な日程を決めるということですので、イベント的に特別な機会を検討するといった方向もありそうです。

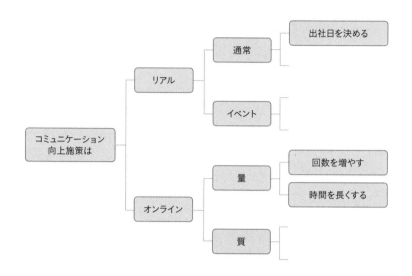

さあ、これで、全体像が決まってきましたので、空いている箇所を埋めていきましょう。

まず、リアル・通常についてです。今、出社日を決めるというアイディアがひとつ出ていますが、出社日については、固定にせずとも、例えば週2回は出社することとするなど何日出社するかを決めるということでもよいかもしれません。会う可能性は高まり、コミュニケーションの機会が増えることにはつながりそうです。リアル・イベントについては、コミュニケーションのための日を特別に設定し、セレモニー的に実施するということが考えられそうです。

最後に、オンライン・質の向上ですが、これは、例えば、オンラインの前にしっかり資料などを準備し、必要なことを集中して議論できるようにするといったことや、オンラインでのファシリテーションスキルを上げて、より濃い密度の時間にしていくといった方策が考えられそうです。

今出たアイディアをまとめると以下のようになります。イベント的に会う機会については、結果的に、ひとつしかあげていません。各項目2つを目標

としつつも、もし、思いつかないのであれば、無理に考える必要はありません。大切なことは、ある程度の網羅性をもって洗い出すことなので、すべてを出すことに一生懸命になりすぎないよう注意しましょう。

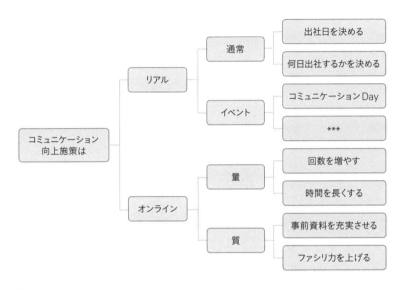

 STEP UP !

　最後に、どのような概念を選択すればいいのか、そして、どのような順番で整理すればよいのかということについて考えておきましょう。

　ここでのアプローチは、対の概念を意識しながら、選択肢を広げていこうというものです。したがって、どのような対の概念で整理するか、そして、階層をどう整理するかについては特に正解はありません。
　実際に次のように、1階層目、2階層目のどちらを量と質にするか、リアルとオンラインにするかは、状態の洗い出しということを考えるとどちらも同じことになります。いわば、2×2のマトリックスで考えているということと変わりません。

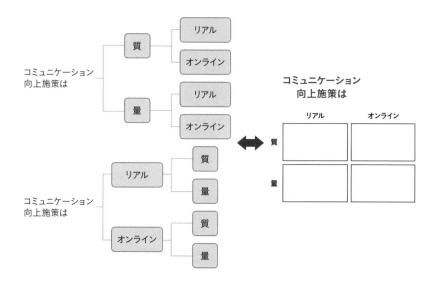

　一方で、これを左からの思考の流れと考えると意味合いが少し違ってきます。

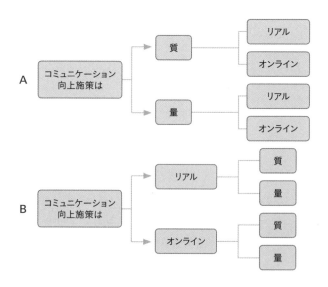

　Aの場合は、コミュニケーション向上の施策を質と量の観点から分けて考えていこうというもの、Bの場合は、コミュニケーション向上の施策をリア

ルとオンラインの観点から分けて考えていこうというものになります。

　どちらが具体的なイメージがもてるかと考えると、コミュニケーション施策をいきなり質と量で考えるよりは、リアルとオンラインで分けて考えた方が考えやすいのではないでしょうか。**具体的なイメージがもてるものを先に、そして、抽象度の高い概念を後にもってくることをお勧めします。**もし、どちらで考えても変わらないということであれば、どちらが先でも構いません。

　ここで紹介したアプローチは、思いついた施策を起点に、対の概念を意識しながら、網羅性をある程度担保しつつ、解決策を広げていこうというものです。手順を踏むことで目的は達せられていますので、**後は考えやすさで、概念の選択や順番を決めていきましょう。**

まとめ

- ☑ **決め打ちにならないことが重要**
- ☑ **思いついたものを起点に整理をしよう**
- ☑ **対の概念を意識することが手助けになる**
- ☑ **大切なことは、すべてを出すことではなく広げること**
- ☑ **どの概念を採用し、どちらを上位にするかは考えやすさを基準にしよう**

評価軸を出す

解決策を洗い出した後は、どれがいいのか、選択をしなければなりません。そこで必要になるのが、評価軸です。ただ、LESSON13と同じように、ここでも思いついた評価軸だけで評価するのは危険です。では、評価軸はどのように洗い出せばいいのでしょうか。

　新しくパソコンを買い替えようと考えているあなたはX社製のパソコンにするかY社製のパソコンにするか、迷っています。どちらにするかを決めるために、何を重視するか、判断軸を洗い出してみました。

　まず、価格は重要です。そして、性能面ではやはりスピード、そして、デザインも気になるところです。加えて、今使っているパソコンをよく振り返ってみると、たびたび故障が発生し、困ったことを思い出しました。そこで、メンテナンス性も重視して選択していくことにしました。

　もうひとつ、例を考えてみましょう。来期のチーム編成案が2つあり、そのどちらを選択するかを決めなければなりません。判断基準を考えるに際し、QCD（品質、コスト、納期）をベースに、効果はどちらの方がでそうか（質）、コストはどちらが安いか、スピードはどちらの方が早いかを判断軸として、設定しました。

　その上で、一度変えたチーム編成はそう簡単に元には戻せないことを考えると、もう少し慎重に考える必要があります。上手くいけばよいですが、上手くいかない可能性も織り込んでおくべく、リスクも判断軸に加えることに

しました。

2つの例で共通しているのは、まず、思いついたものを出しているということ。そして、その後に、追加する評価軸はないか考えています。このように、評価軸については、まず「出してみる」というプロセスと「加えなければならない基準はないか」と後から追加するプロセスと2段階で考えていくようにしましょう。

❶ 思いつきでいいので気になる評価軸を洗い出す

パソコンの例では、「価格はどちらが安いか」「スピードはどちらが早いか」「デザインはどちらがカッコいいか」という評価軸が洗い出せました。

チーム編成の例では、「効果はどちらの方がでそうか」「コストはどちらが安いか」「スピードはどちらが早いか」という評価軸が洗い出せました。

❷ 加えなければならない評価軸はないかを考える

パソコンの例では、「メンテナンス性」、チーム編成では、「リスク」が評価軸に加わりました。

どのような評価軸で判断すべきか、なんとなくイメージはもてているものです。一方で、考えようとしているテーマ固有で押さえておいた方がいい視点があることも事実です。一般的に、思いつくものをあげ、その上で、今回のテーマに関連して、加える要素はないかと考えるようにしましょう。

また、先ほどの解決策の洗い出しとの違いを整理しておきましょう。解決

策そのものの洗い出しの際には、思いついたものを起点に、網羅性を意識しながら、広げていきました。それに対して、今回の評価軸は、思いついたものを起点に、「加える」というアプローチになっています。

　網羅性については、解決策の洗い出しと比べると意識していません。これは、今、考えているのが評価軸だからです。評価軸は「軸」ですので、基本的に、いくつでも出すことができてしまいます。漏れないようにすることは、そもそもできない話です。つまり、無駄な努力をしないということになります。網羅性に拘る必要はありませんが、大切な軸を落としていないかということは考えていかなければなりません。

　洗い出すプロセスと、その上で大切な軸を考えるプロセスを2段階で考えられるようにしておくと、本来押さえておかなければならない重要な判断基準を見落とす可能性を下げることができます。判断基準は網羅性よりも重要な軸を落としていないか、加えなければならない軸はないかということを意識するようにしましょう。

基準A
基準B
基準C
・
・
・

基準は「軸」なので漏れなくというのは難しい
だから、漏れていないかではなく、
大事な要素を落としていないかという視点が大事

演習問題

　リモートワークが主体となってきたので、少し都心から離れた場所に引っ越しをしようかと考えています。さて、どのような判断基準で考えるといいでしょうか。

▎解答

　まず、思いつきでいいので気になる評価軸を洗い出してみましょう。
　リモートワークをするためには、ネットの環境は必須です。したがって、

まず、通信環境がいいかどうかが重要です。また、通勤の必要性は大きく下がるものの都心に出なければならないことも月に数回はありそうですので、都心へのアクセスも気になるところ。そして、折角少し都心を離れる訳ですので、自然環境がよいかどうかをポイントとすることにします。

次に、加えなければならない評価軸はないかを考えます。

洗い出した評価軸は「ネットの環境はいいか」「都心へのアクセスは可能か」「自然環境はよいか」です。

さて、ここで他に考えておいた方がよい評価軸はないでしょうか。もし、あなたが単身であれば、これで問題はないかもしれませんが、パートナーがいる場合は、パートナーの意向も確認する必要が出てきます。

また、子供のことを考慮に入れるのであれば、「子育ての環境がよいか」といった評価軸も必要となってきます。このように、評価に際して、その評価に関与する関係者がいる場合は、関係者の判断基準をしっかりと取り込んでいく必要があります。

ビジネスパーソンの場合、組織で評価をするということを考えると、自分以外の関係者の判断基準を考慮しなければならない状況は多く発生します。少なくとも職位と部署の2つの視点で判断基準は異なってきます。

職位の違いという点で考えると、案件Aだけを見ればよい担当者と、隣のチームの案件Bとの対比で考えなければならない上司、あるいは今現在を中心に考えればよい担当者と、過去からの経緯と3年後の未来までを含めて考えなければならない上司では変わってきます。業務範囲、時間軸の範囲の違いによって、判断軸も違ってくるわけです。

また、組織はそれぞれ最適化を狙って、設計されるものですので、組織が違えば、大事にする判断基準は組織ごとで違ってきます。

自分1人で評価をしなければならない場面もありますが、仕事は他者との関係を抜きには考えられないものです。基本的に、自分と相手の評価軸が違う可能性が高いということを理解し、その上で、他者は何を大事に評価するかというところまでを考慮し、その上で、必要な評価軸を設定していくよう

にしましょう。

基準A
基準B ─── 自分にとって重要

基準C
基準D ─── 相手にとって重要

自分にとって重要な基準と
相手にとって重要な基準は
異なることが多い

STEP UP！

　東京から福岡までの交通手段、飛行機にするか新幹線にするか考えています。

　まず、思いついたのは、「どちらが安いのか（費用）」「どちらが速いのか（時間）」「本数はどちらの方が多いのか（柔軟性）」の3つです。

　ここに、移動の間も、仕事が立て込んでいるためできれば仕事もしたいという状況があるので「仕事はどちらの方ができるか（効率性）」を加えて、評価することにしました。

・どちらが安いのか（費用）
・どちらが速いのか（時間）
・本数はどちらが多いのか（柔軟性）
・仕事はどちらの方ができるか（効率性）

　さて、ここで、今度は状況を少し限定してみることにします。

　例えば、「目的地には、3時間後までには到着しなければならない」という状況であると仮定しましょう。そうすると、2つ目の時間が重要な基準となり、新幹線という選択肢はなくなりそうです。他に、「いつ出かけられるかタイミングが読めない」という状況であると仮定しましょう。そうすると、3つ目の柔軟性が大事な基準になってきそうです。

　また、例えば、「台風が近づいているため、確実に移動したい」といった

要件が出てくると、先述にはなかった、「確実に移動できるのはどちらか（確実性）」といった基準が加わって、その基準が選択に大きな影響を及ぼすことになります。

　改めて、今考えたことを振り返っておきましょう。最終的に、考慮した5つの判断基準は以下の通りです。

・費用は、どちらが安いのか（費用）
・時間は、どちらが速いのか（時間）
・本数は、どちらの方が多いのか（柔軟性）
・仕事は、どちらの方ができるか（効率性）
・確実に移動できるのはどちらか（確実性）

　到着までの時間に制限があれば、2つ目の時間が、融通性が重視されるのであれば、3つ目の柔軟性が、台風が来ているのであれば、5つ目の確実性が、その他の評価軸と比べて、重要な意味をもってくるということでした。

　ここで見えてきたことは、「基準はすべて等しいという訳ではないこと」です。言い換えると「支配的な基準＝その基準が選択に大きな影響を及ぼす」があるということです。したがって、洗い出すことは重要ではありますが、判断基準を洗い出した後に、支配的な基準はないかということをしっかりと確認することが重要です。

　最後に、次の例を見てください。企画コンペで、どの企画を採用するかの評価基準です。

・期限に間に合うか（納期）
・必要事項は盛り込まれているか（内容）
・独自性はあるか（ユニークさ）
・実施できそうか（実行可能性）
・どの程度の費用か（コスト）

5つの評価基準がありますが、最初の2つは、他の3つとは異なっています。期限に間に合うかどうか、そして、必要事項が盛り込まれているかどうかは、評価以前に、その基準を満たさなければならないという前提となる基準です。

　前提となる基準をクリアした上で、3番目から5番目の選択のための評価基準に基づいて、決定がされるということになります。したがって、一見、5つの基準が並んでいるように見えますが、前提となる基準と評価のための基準が混ざっているということになります。

　このように、評価基準は並べてしまうとどうしても同じように捉えてしまいがちですが、基準にもいくつかの種類があることを理解しておきましょう。

　　　　基準Z　◀----（前提となる基準）

　　　　基準A
　　　　基準B
　　　　基準C　◀----（支配的な基準）
　　　　基準D
　　　　基準E

まとめ

- ☑ 判断基準はまず思いつきでもいいから出すこと
- ☑ その上で追加しなければならないものを考えよう
- ☑ 組織では他者の基準を加えなければならない場合が多い
- ☑ 基準は必ずしも等価ではない場合がある
- ☑ 基準にもいくつかの種類があることを理解しておこう

LESSON 15

決め方を決める

選択肢を洗い出し、評価軸を洗い出し、その上で、いよいよ選択
です。最後に、意思決定＝決めるという大仕事が残っています。
では、具体的にどのように「決めて」いけばいいのでしょうか。
どんな点に留意する必要があるのでしょうか。

　社員合宿の幹事を任されたあなた。最終的な候補地を「箱根」か「八ヶ
岳」に絞りました。どちらがいいか評価をして提案しなければなりません。
そこで、評価軸を考えた結果、以下の4つを洗い出すことができました。

・どちらの方が集中して議論ができるか（効果）
・どちらが安いか（コスト）
・どちらが近いか（利便性）
・どちらが周辺で遊べるか（アクティビティ）

　箱根で押さえた宿泊先は、会議室やインターネット環境も整っており、議
論をするための環境は、八ヶ岳での宿泊先よりはよい状況です。コストにつ
いては、どちらも同じ、利便性については、社員の多く住む都内から近い
分、箱根が有利です。アクティビティは、「八ヶ岳」の方が充実している状
況だと仮定します。

　そこで、よい＝3点、普通＝2点として、評価軸ごとに数値化し、計算を
した結果、以下のようになりました。

	箱根	八ヶ岳
効果	3	2
コスト	2	2
利便性	3	2
アクティビティ	2	3
合計	10	9

　合計点は箱根の方が高くなったので、箱根を候補として提案することにしました。

『 POINT 』

❶ 評価軸ごとに評価する
❷ 合計点を計算する

---

❶ 評価軸ごとに評価する

　評価軸ごとに、選択肢それぞれについて、評価をしていきます。ここで考えておかなければならないことが2つあります。評価軸は軸としてよいのですが、「何をもってその軸とするのか」という定義とどう評価するのかという評価の基準です。

　まず定義についてです。今回は、効果を評価するに際しては、「集中して議論ができること」とし、要素としては会議室やネット環境を評価の対象としました。これに加え、会議室が「複数」あるか、プロジェクタ等の備品が充実しているかなども要素として考えられます。

　一方で、例えば、「一体感の醸成ができるか」を効果として狙うのであれば、会議室の要件は、先ほどとは変わって、皆が一堂に会することができるかが重要なポイントになってきます。評価軸として、「効果」で評価しようと出すことは簡単です。ただ、それだけでは不十分で、「効果とは具体的に何なのか」そして、それをどういう要素で評価するのかというところまで、

具体的に考える必要があります。

　どう評価するのかについては、基準が必要となります。少しでも優位な方に加点をするという考え方もあれば、一定の基準を満たしていれば、同評価とするという考え方もあります。

　先ほどの例では、利便性で、都内から近い分、箱根が有利としました。これは、少しでも優位な方に加点をするという考え方に基づいたものです。一方で、仮にそれぞれ、都内からの所要時間が2時間と3時間だったとした場合、3時間以内であれば、条件は同じと考えれば、評価は変わりません。評価の基準をどうするのかも考える必要があります。

❷ 数値化し合計点を計算する

　評価軸ごとに評価ができれば、後は、数値化し、合計点を計算します。ここでのポイントは、評価をどう数値化するかです。

　先ほどは、良い＝3点、普通＝2点としましたが、良い＝3点、普通＝1点とすれば、良い点が多いほど選択される可能性が高まることになります。また、良いと普通の2段階の評価にしましたが、大変良い、良い、普通と3段階にすることもできます。何点の配点にするのか、そして、そもそも何段階で評価するのかを考える必要があります。

ある問題を解決する解決策の案がA案、B案と2つあり、効果、コスト、スピード、リスクの4つの評価軸で評価した結果、甲乙つけがたく、同点になってしまいました。この状態からどちらかの案に決めなければなりません。さて、あなただったらどのように決めますか。考えてみましょう。

	A	B
効果	5	3
コスト	1	3
スピード	5	3
リスク	1	3
合計	12	12

解答

いくつかの考え方があります。

例えば、効果が何よりも重要と考え、それを重視するという考え方ができます。項目ごとに評価を数値化し、合計するという方法の前提は、「効果」「コスト」「スピード」「リスク」の4つの評価軸を等しく考えるということです。もし、効果を4つの中でも特に重視して考えるのであれば、効果の点数のみ、1.5倍して評価するといった考え方もできます。

	A	重みづけ	A	B	重みづけ	B
効果	5	×1.5	7.5	3	×1.5	4.5
コスト	1	×1	1	3	×1	3
スピード	5	×1	5	3	×1	3
リスク	1	×1	1	3	×1	3
合計	12		14.5	12		13.5

もうひとつは先ほどの考え方と近いですが、重要項目を軸に選択をすると

いう考え方です。違いは、先ほどはポジティブな要素を押そうという考え方でしたが、今回はネガティブな要素を積極的に評価しようという考え方だということです。

ここでは、「リスク」をできる限り避けたいという考え方で、最悪の場合を回避するという考え方もできます。

最終的には、ひとつの評価軸を重視していますが、プロセスとして最初から決め打ちになっていないということ、甲乙つけがたい状況になっているということを踏まえています。いきなりリスクだけで評価している訳ではないということが重要です。

	A	B
効果	5	3
コスト	1	3
スピード	5	3
リスク	1	3
合計	12	12

最後に、A案かB案か決めるための新たな評価軸を考えましょう。

B案の方が、バランスが取れているのでB案を選ぶという考え方もあります。ここまでは、「効果」「コスト」「スピード」「リスク」とA案とB案のそれぞれを評価するための評価軸を置いて考えてきましたが、「バランスがとれているか」という視点はこれまでの評価軸にはなかった視点です。いわば、A案とB案とどちらが良いかを決めるための評価軸を新たに設定しているということになります。

	A	B
効果	5	3
コスト	1	3
スピード	5	3
リスク	1	3
合計	12	12
バランス		◎

このように評価軸ごとに評価し、数値化して、合計値を算出するというのは、手続きとしてやることは簡単ですが、評価軸をどう定義するか、どう数値化するか、重みづけをどうするかなど考慮しなければならない要素は多岐にわたるということを理解しておきましょう。

STEP UP！

　では、最後に、期待値と確率を用いて意思決定する方法を紹介します。
　今、AプランとBプランがあり、環境がどう変化するかによって、見込める効果が異なります。
　Aプランは、変化する環境に合わせたものであり、環境が変われば500と大きな成果が見込めます。環境がそれほど大きく変わらなかった場合は100しか効果は見込めません。
　Bプランは、環境の変化に対して対応力がある施策、変化すれば、Aプランの500には及ばないものの400の効果は見込めます。また、環境が大きく変わらない場合でも300にはなるという状況です。
　これを左から、起こる順番に表記していきます。まず、AプランとBプランがあるので、その2つを分岐させます。そして、それぞれを選択した後に、環境は、「変化する」か「変化しない」かのいずれかが発生するため、それを次に分岐させます。最後に、4つの状態の成果を記すと準備が完了です。

　　成果500　Aプランを選択し、環境が変化した場合の成果
　　成果100　Aプランを選択し、環境が変化しなかった場合の成果
　　成果400　Bプランを選択し、環境が変化した場合の成果
　　成果300　Bプランを選択し、環境が変化しなかった場合の成果

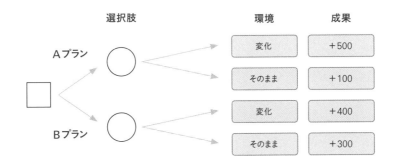

　ここに、環境が変化するかどうかの確率を加味し、Aプラン、Bプランを採択した場合の効果についての期待値を計算します。

　仮に環境が変化する確率を50%とした場合、
Aの期待値は、500 × 50% + 100 × 50% = 300
Bの期待値は、400 × 50% + 300 × 50% = 350
よって、期待値は、Bの方が高くなり、Bを選択しようと考えます。

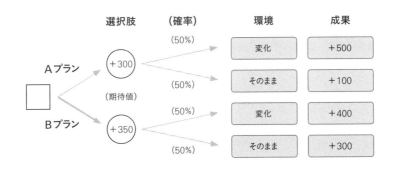

仮に、環境が変化する確率が70%であるとすると、
Aプランの期待値は、500 × 70% + 100 × 30% = 380
Bプランの期待値は、400 × 70% + 300 × 30% = 370
となり、この場合はAプランを選択することがよいという結論になります。

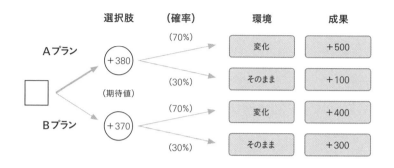

　これは、決定木（ディシジョンツリー）と呼ばれるもので、起こり得る事象を選択事象（コントロールできる事象）と確率事象（コントロールできない事象）を意識しながら網羅的に洗い出し、期待値に基づいて意思決定をしていくという考え方です。

　最終的な状態をどう定量化するのか、起こり得る状態の発生確率をどのように定めるのかについては、工夫が必要となる場合がありますが、定量的に意思決定するためのひとつの手法として理解しておきましょう。

　また、逆に、最終的な状態の定量化と確率が定められれば、どんなに複雑化しても、コンピュータを使えば容易に計算できるアプローチであることも事実です。将棋や囲碁におけるAIの活用の背景にはこの決定木的なアプローチがあります。これからの活用が増えていく可能性が高いアプローチですので、考え方を理解しておきましょう。

まとめ

- ☑ 評価軸をどう定義するかをしっかり考えよう
- ☑ どう数値化するか、重みづけも考える必要がある
- ☑ 決めるための決め方も複数ある
- ☑ 決めるための基準が必要な場合もある
- ☑ 決定木（ディシジョンツリー）的なアプローチも知っておこう

決めるために準備する

何に対して手を打てばいいのか、要望を集め、決めていくといっ
たこともできます。そのためのひとつの手段が「アンケート」で
す。実際に、情報を集めて、集まった結果から、何に対して手を
打てばいいのかを明らかにしていくことができます。では、決め
るための準備としてどんな工夫ができるのでしょうか。

あなたは、ある旅館の運営にコンサルタントとして関わっています。今後
の改善策を練っていきたいので、アンケートを作って欲しいと頼まれまし
た。さて、どのようにアンケートを設計しますか。

何に対する評価をもらえばよいのかと考えると、ひとつは、旅館を構成す
る要素、部屋、施設といった、ハードなものに対する評価は必要です。加え
て、食事やおもてなし（サービス）といった、そこで提供されるソフトなも
のについても評価を聞いておくとよいでしょう。

さらに、時間軸を意識して、旅館に来る前と来た後に起こること、それぞ
れ、「予約」と、「結果として支払うことになる料金」を押さえておくとよい
でしょう。他にも旅館までのアクセスや周辺の環境なども評価の対象となり
えますが、ここでは自分たちでよりコントロールしやすい前述の6項目に
絞って考えていくことにします。

要素は出そろったので、次に、どのようにアンケートを取るか、取り方を
考える必要があります。後から定量的に分析するためには、数値で取ると良

さそうです。何段階の評価にするかは、「決め」になりますが、今回は、よくある5段階で設計することにします。

　加えて、その他の欄を設け、定性的なコメントを自由に入力できるようにします。決まった項目だけだと、それ以外の要素に対するフィードバックがもらえません。声を広く拾うという意味でも、その他の定性欄を設けることにしました。

　できあがったアンケートは、以下のようになります。

	大変満足 5	満足 4	普通 3	やや不満 2	不満足 1
予約について	☐	☐	☐	☐	☐
食事について	☐	☐	☐	☐	☐
部屋について	☐	☐	☐	☐	☐
施設について	☐	☐	☐	☐	☐
サービスについて	☐	☐	☐	☐	☐
料金について	☐	☐	☐	☐	☐
他					

〚 POINT 〛

❶ 要素を洗い出す
❷ アンケートの取り方を考える
❸ ボリュームをチェックする

❶ 要素を洗い出す

　何を評価するか要素の洗い出しが必要です。闇雲に要素を出すと、ただの羅列になってしまいますので、重要な要素は何なのかを見極めつつ、要素の意味合いを考え、ある程度網羅できているのかを考える癖をつけておきましょう。

　今回の例では、考えた6つの項目は、図示化すると以下のようになります。

来る前	滞在中	帰るとき
予約	<u>ハード</u> 部屋 施設 --- <u>ソフト</u> 食事 サービス	料金

　時系列で、来る前、滞在中、帰る時のそれぞれの状況で何を押さえればよいかを考えています。また、最も影響を与えることになるだろう滞在中の要素については、ハード・ソフトの軸で丁寧に分けて、要素を押さえていることになります。

❷ アンケートの取り方を考える

　集計をしたり、比較をしたりするためには、数値で確認できると便利です。数値で情報を取る際には、評価を何段階にするのか、と、奇数にするのか、偶数にするのかについて、考えておく必要があります。

　まず、何段階かについては、どこまで多くするかという視点を実際にどのように点がつきそうかをイメージしながら考えていくとよいでしょう。一般的には、5段階、もしくは、細かく調べるために7段階にするかのいずれかがよく見かけるものです。さらに詳細に9段階にするということも、やってはいけないという訳ではありません。ただ、6点と7点と8点の違いに意味を見いだせるかということと、実際に6点と7点と8点に差を感じて点をつけ分けることができそうかをイメージしながら9段階にする必要があるかを判断していきましょう。

　奇数、偶数については、奇数にしてしまうと、真ん中の中立な選択肢を選ぶ人が増えるため（これを中心化傾向と言います）、良かったのか、悪かったのかの判断がつきにくくなります。良いのか、悪いのかをしっかりと判別

するために、4段階や6段階にするといった考え方もあります。

　加えて、その他の項目をフリー入力できるようにしておくのもひとつの手です。その他がないと、良い点であっても悪い点であっても、こちら側が気付いていない要素を拾えません。フリー入力として自由度を上げることで、広く声を拾うことができます。

❸ ボリュームをチェックする

　最後に、どの程度の回答時間を要することになるのか、ボリュームをチェックする必要があります。気軽に答えてもらえるレベルなのか、少し時間がかかるアンケートになっていないかという視点でチェックをするようにしましょう。

　一般的には、アンケートの負荷が上がると回収率は下がります。回収率をある程度求めるのであれば、時間がかかる重い内容になっていないかという視点はもっておきましょう。

　一方で、アンケートの中身を重視して、回収率は多少下がってもしっかりとした内容にするという考え方も勿論あります。本来は、いつとるのかというタイミング、紙なのかネットなのかという手段と、そもそも何の目的でアンケートをとるのかをあわせて考えていく必要があります。

　また、その他、一般的な留意事項として、時間に関するもの
・取った時期に依存していないか（季節バイアス）
・直近の印象に引っ張られていないか（近日効果）
・大きな印象に引っ張られていないか（ハロー効果）
　などにも注意を払う必要があります。

アンケートを考えるにあたって・考える視点

目的は タイミングは 媒体・方法は どのぐらい負担になるか	×	何問にするか 何を聞くか（要素） どう聞くか （定量：段階数、偶奇、定性）

アンケートを実際に実施し、以下のような結果になりました。どの項目の改善を図るべきかを考えてください。

	2年前	昨年	今年
予約	3.5	3.7	3.9
食事	3.5	4.1	4
部屋	4.8	4.8	4.5
施設	4	3.9	4
サービス	4.5	4.2	4.5
料金	3.8	3.8	3.8

解答

今年の評価に注目して、「一番低いものを改善するという考え方の下、料金の見直しをする」、あるいは「基準値を決めて、それに満たないものを改善する」という考えができそうです。

あるいは、4点に満たないものを対象にし、料金と予約について施策を考えて、強みをさらに伸ばすために、部屋とサービスをさらに強化するといった考え方もできそうです。

	2年前	昨年	今年
予約	3.5	3.7	3.9
食事	3.5	4.1	4
部屋	4.8	4.8	4.5
施設	4	3.9	4
サービス	4.5	4.2	4.5
料金	3.8	3.8	3.8

また、これまでの推移を考慮に入れて、「強みであったものの下がってきている、部屋に手を入れる」、「予約は、評価は高くないものの改善はされて

いるのでこのままとする」、「低位安定となっている、料金と施設に手を入れる」といった考え方もできます。

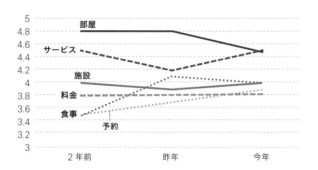

最終的に何にフォーカスするかは、選択をするための評価の基準が必要になります。どういう基準が適切なのかをしっかりと考えた上で、どの要素に手を打つとよいのかを決めるようにしましょう。

 STEP UP !

何に対して手を打てばいいのかを考えるにあたって、項目間の相対的な比較によって決めていくということもできますが、もうひと工夫できないかを考えてみましょう。

どの項目に手を入れるかを考える際に、すべてに手を入れられないとしたら、業績的なインパクトが最も大きいところに手を入れたいものです。旅館にとって、業績に直結する要素ということを考えると、リピートをしてくれるかどうかが重要な要素になります。そこで、先のアンケートの評価とリピートしているかどうかの関係性を調べてみるということができそうです。

今年、評価が4点だった食事と施設、どちらに手を入れるべきかを考えてみることにします。
食事と施設に対するアンケートの評価点とそのアンケートを回答した人が

リピートをしたかどうか（1は1回でもリピートをした、0がリピートしていない）を以下の表にしました。食事と施設どちらがリピートに関係があると考えることができるでしょうか。

食事	リピート
5	1
3	0
4	1
3	0
5	1
4	1
3	0
5	1
4	0
5	1
4	0
3	0

施設	リピート
5	1
3	0
4	1
3	0
3	1
5	1
4	0
4	1
3	0
4	1
5	0
5	0

さて、シンプルな方法ではありますが、並び替えてみましょう。

食事	リピート
5	1
5	1
5	1
5	1
4	1
4	1
4	0
4	0
3	0
3	0
3	0
3	0

施設	リピート
5	1
5	1
5	0
5	0
4	1
4	1
4	1
4	0
3	1
3	0
3	0
3	0

　グラフにしてみると次のようになります。さて、どちらの項目がよりリピートに効いていると考えられますか。

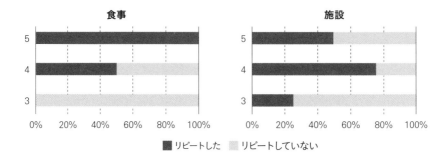

食事は、高評価をつけてくれている人ほどリピートしていることがわかります。一方で、施設は高評価でもリピートしていない人が半数以上います。逆に低評価でもリピートしてくれている人が多くはないですがいます。

施設に対する評価は、直接的にはリピートにはあまり関係がなさそうです。したがって、食事と施設とどちらの方がリピートに効いているかという点では、食事の方が効いていそうと考えることができそうです。

このように、要素の中でも、より高い評価をつけてくれた人がリピートしてくれている項目と、高い評価をつけてくれていても必ずしもリピートにはつながらない項目というのが存在しそうです。

グラフでいうと、左図のように、リピートしている人が高い評価をつけている項目と、右図のように、リピートしているかどうかと点数には関連性が見られない項目があるということです。数値的によりしっかりと分析をするためには、食事とリピート、施設とリピートについての相関係数を算出してみるといったこともできます。ただ、並び替える、グラフにするといったことでも傾向は読み取れます。

先ほど説明をしたように、**評価結果だけから基準を設け、どの項目に手を入れていくかということを考えることも勿論できますが、「アンケート」だけで結論を出す必要もありません。**業績の向上にダイレクトにつながる項目を決めるために、業績向上につながる「データ」（今回の例では、「リピートしているか」）と「併せて」評価をするといったやり方を押さえておきましょう。

さて、その上で最後に、もう一度アンケートに戻っておきましょう。今、どの項目に手を入れればいいかを考えるために、リピートの情報と組み合わせて評価をしようという説明をしましたが、このアプローチだと、実際にリピートしたかどうか、その情報が集まらないと評価ができないことになります。少なくとも、数ヶ月経たないと確認ができない可能性があります。

　そこで、アンケートの段階で完結させられないかということを考えてみましょう。

　例えば、アンケートの最後に、「次にまた来たいか」といった要素を入れるということもできます。つまり、未来の予定、意思を問う設問を設けることもひとつの工夫として考えることができます。実際に本当に来てくれるかはわかりませんが、少なくともどのような意向をもっているかどうかを確認することはできます。「家族や友人に薦めますか」といった項目を入れてもよいでしょう。

　アンケート項目も現状の評価に関する要素だけにとどめる必要はありません。未来へ向けた意思を問う設問を組み合わせて設計することで、何に手を入れるとよいのかについて、付加的な情報を得ることができます。決めるためにどんな工夫ができるかについても色々と考える習慣をつけるようにしましょう。

		大変満足 5	満足 4	普通 3	やや不満 2	不満足 1
現状の評価	予約について	☐	☐	☐	☐	☐
	食事について	☐	☐	☐	☐	☐
	部屋について	☐	☐	☐	☐	☐
	施設について	☐	☐	☐	☐	☐
	サービスについて	☐	☐	☐	☐	☐
	料金について	☐	☐	☐	☐	☐
未来の意思	また来たいか	☐	☐	☐	☐	☐
他						

まとめ

- ✓ 何問にするか、定量か定性か、何段階にするかといった視点が鍵
- ✓ それらはそもそもの目的とやり方などとの関係性で決まる
- ✓ 業績にインパクトを与えられそうな要素を選択できるかがポイント
- ✓ 他のデータとつなげて分析をしよう
- ✓ 未来に対する意思を問う質問も設計しよう

CHAPTER

5

上手く進めるための
「工夫」を考える

問題解決は、一連の「型」、つまり、手順です。
CHAPTER1からCHAPTER4までは、それぞれ
の手順において、具体的に何をすればよいかを学
んできました。最後にこのCHAPTERでは、手順
であるがゆえの難しさ、具体的には、一連の流れ
があるということを踏まえた時に工夫できること
について学びます。まず、様々ある情報のどこに
着目すればよいのか、既にわかったことを次に活
かすための、流れの中で迷子にならないための、
そして、走りながら考えるための、4つの工夫の仕
方を紹介します。

LESSON 17 2つの数字を意識する

データが手元にあると早速、分析に取り掛かりたくなります。そして、多くの場合、入手できたデータをできる限り利用しようとします。ここに落とし穴があります。先に見た方がいいデータと先にはあまり見ない方がいいデータが存在します。データの森で迷子にならないために、何に注意すればよいのでしょうか。

営業1課から3課の昨年度と今年度の成績を調べたところ、営業1課、2課は、昨年度も今年度も同じ1000万円でした。一方、営業3課だけは、昨年度の1000万円から今年度は1500万円と躍進していることがわかりました。

	昨年度	今年度
1課	1000万円	1000万円
2課	1000万円	1000万円
3課	1000万円	1500万円

そこで、その躍進の理由を探るべく、さらにデータを集めてみたところ、以下の3つのデータが集まりました。

まず、ひとつ目が1人当たりの月の平均残業時間です。 表1 は1課から3課の平均残業時間を表にしたものです。比べて見てみると営業3課だけが、昨年度と比べて増えています。残業をして、課一丸となって取り組んだ結果が、今年度の実績につながったと考えることができそうです。

表1

残業	昨年度	今年度
1課	10時間/人	10時間/人
2課	10時間/人	10時間/人
3課	10時間/人	15時間/人

　次にセミナーへの参加人数の実績です。 表2 を見ると、3課だけが参加者数を増やしていることがわかります。このセミナーが奏功して、実績の向上につながっているということも考えられます。

表2

セミナー	昨年度	今年度
1課	10名	10名
2課	10名	10名
3課	10名	15名

　最後に新規、既存の売上の内訳です。3課だけが、新規を伸ばすことに成功しています。よって、3課が伸びた理由は、新規の伸びと考えることもできそうです。

表3

新規・既存		昨年度	今年度
1課	新規	500万円	500万円
	既存	500万円	500万円
2課	新規	500万円	500万円
	既存	500万円	500万円
3課	新規	500万円	1000万円
	既存	500万円	500万円

　さて、ここで、ちょっと考えておきましょう。
　3課の伸びた理由は、「残業を増やしたから」「セミナーに参加したから」「新規が伸びたから」と整理しましたが、実は、新規が伸びたということは、他の2つとは意味合いが異なっています。

残業とセミナーは、売上が伸びた原因の可能性ではありますが、新規が伸びたというのは、結果だからです。売上がどう伸びているのかを知るために、売上を分解すると見えてくるものであって、原因ではありません。

　それと比べると、残業時間は残業時間なので売上を分解しても出てきません。また、セミナーもセミナーの参加者なので売上を分解して出てくる数字ではありません。整理して、図示すると以下のようになります。

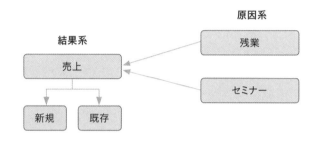

　整理をしたように、残業時間とセミナー参加は、「売上」ではない数字です。一方、新規、既存は、売上を分解すると出てくる数字です。ただ、「数字」になって並べられてしまうと、その違いを認識することなく、「同じ数字だ」という理解だけで分析を始めてしまうことが往々にしてあります。

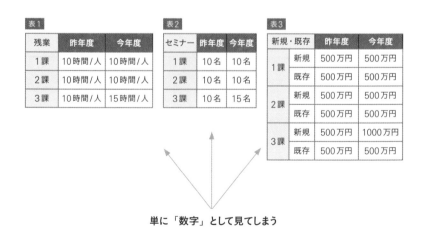

単に「数字」として見てしまう

そこで、まず、考えるべきことは、数字を見たら、それは、結果系の数字なのか、原因系の数字なのかを判断することです。その上で、「結果系の数字」を先にあたって、何が起こっているのかをしっかり理解しましょう。そして、「原因系の数字」にあたっていくようにしましょう。数字自身は、自分がどちらの数字なのかを語ってはくれないので要注意です。

🔖 POINT

❶ 結果系の数字なのか、原因系の数字なのかを明らかにする
❷ 結果系の数字を先にあたって、何が起こっているかを確認する
❸ その上で原因系の数字と結果系の数字の関連性を考える

　先ほどの例を使って確認をしておきます。

❶ 結果系の数字なのか、原因系の数字なのかを明らかにする

表1

残業	昨年度	今年度
1課	10時間/人	10時間/人
2課	10時間/人	10時間/人
3課	10時間/人	15時間/人

表2

セミナー	昨年度	今年度
1課	10名	10名
2課	10名	10名
3課	10名	15名

表3

新規・既存		昨年度	今年度
1課	新規	500万円	500万円
	既存	500万円	500万円
2課	新規	500万円	500万円
	既存	500万円	500万円
3課	新規	500万円	1000万円
	既存	500万円	500万円

　表1は残業の時間、これは、売上を分解しても出てきません。原因系の数字です。表2は、セミナーの参加者、これも、売上を分解しても出てきません。原因系の数字です。表3は、売上を新規・既存に分けたものです。売上を分解すると出てきます。結果系の数字となります。

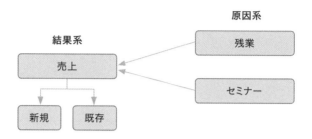

❷ 結果系の数字を先にあたって、何が起こっているかを確認する

表1 と 表2 は原因系の結果だとわかったので、今回は 表3 にあたって何が起こっているのかを確認しましょう。すると、3課だけが、新規を伸ばしていることが確認できます。

表3

新規・既存		昨年度	今年度
1課	新規	500万円	500万円
	既存	500万円	500万円
2課	新規	500万円	500万円
	既存	500万円	500万円
3課	新規	500万円	1000万円
	既存	500万円	500万円

❸ その上で原因系の数字と結果系の数字の関連性を考える

最後に、新規が伸びている原因として、残業の増加、セミナーの増加がその原因となっている可能性があるかを考えてみましょう。

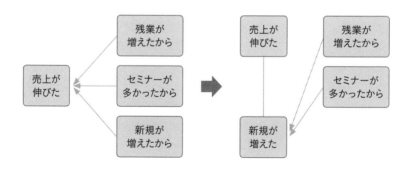

正確には、新規がどう伸びているのかをもう少し詳細に調べる必要はありますが、大口の新規がたまたま1件とれたということではなく、新規の顧客が10社増えているといった内容で新規が増えているのであれば、残業やセミナーがそこに貢献していた可能性は考えられます。

得られた数字のまま解釈をしてしまい、前述左図のように考えてしまいがちですが、原因系と結果系をしっかり分けて考え、前述右図のように捉えていけるようにしましょう。

演習問題

あなたは人事の担当者です。事業拡大に伴い、今年度は昨年度よりも新卒採用を増やさなければなりませんでした。努力の結果、昨年度50名の実績に対し、今年は100名と大幅に増やすことができました。なぜ倍増させることができたのかを調べるに当たり、1人当たり面接の回数、広告の回数、内定率と3つのデータを得ることができました。さて、原因を考えていくに当たり、どのように進めていけばよいでしょうか。(話を単純化するために、内定者は全員入社したものと考えます。)

	昨年度	今年度
内定者	50名	100名
2課	10名	10名

表1

	昨年度	今年度
面接	5回	3回

表2

	昨年度	今年度
広告	10回	20回

表3

	昨年度	今年度
内定率	20%	40%

解答

まず、結果系の数字なのか、原因系の数字なのかを明らかにします。

表1 は面接の回数、 表2 は広告の回数、いずれも内定者数とは異なる数字です。内定者数を分解してもいずれも出てこない数字ですので、原因系の数字です。

表3 の内定率は、内定者数を分解しても出てきませんが、内定者数に関係する数字です。応募者数×内定率＝内定者数となることを考えると結果系と考えてよいでしょう。

次に、結果系の数字を先に見て、何が起こっているかを確認します。

前述の通り応募者数×内定率＝内定者数となりますので、内定率から逆算すると、応募者数を算出することができます。

昨年度は、50名の合格で内定率が20％だったので、250名が応募してきたことになります。今年度は、100名の内定で内定率が40％だったので、同じく250名が応募してきたことになります。よって、 表3 から以下のような情報を導き出すことができます。

	昨年度	今年度
応募者数	250名	250名
内定者数	50名	100名

これによって、昨年度と今年度、応募者数は変わっていない中で、内定者数が増えているということがわかります。

最後に、原因系の数字と結果系の数字の関連性を考えてみましょう。

まず、原因系の数字を見ていきましょう。面接の回数が減ったことと、内定者が増えていることに因果関係があるかですが、通過すべきハードルが減った分、多くの人が残ったということは考えられます。面談の基準などの設計が適切だったかなどを考えていく必要がありそうです。

次は、広告の回数が内定者数の増加に寄与しているかです。応募者数は増えていないということになりますので、広告を増やしたことは、応募者数の増加にはつながらなかったと言えそうです。

一方で、内定者が増えているということは、応募してきた対象層の質が上っているということも考えられます。普段、あまり働きかけをしない対象層に回数を増やすことで届けることができたという可能性が考えられます。

　どれが実際に起こっていることなのかは、さらに詳細を調べていかなければなりません。ただ、ここで重要なことは与えられた数字の関係性をきちんと把握して考えることです。

　内定者数が増えているということに対して、与えられた面接回数、広告回数、内定率がどのように影響しているのかをいきなり考えるのではなく、原因系と結果系の数字をしっかり分けて整理し、結果と原因を見極めていくことが大切です。

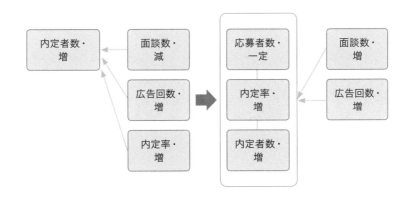

 STEP UP!

　最初に得られたデータが、「結果」の場合は、結果のデータを分解することから始めましょう。そうすることによって、何が起こっているのかがより具体的に理解できるようになります。何が起こっているかがより具体的に理解できると、それがなぜ起こっているのかの理由も絞られ、具体化することができるからです。

そして、その理由を裏付けるデータを探しにいくということを心掛けてください。この場合は、意図してデータにあたるということになりますので、自然と結果から原因へとデータを見ていくことができます。

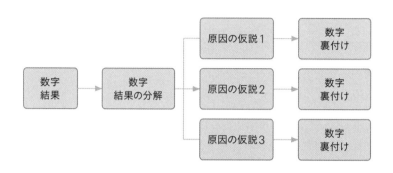

　一方で、結果の数字と原因の裏付けにもなる数字が混在している場合もあります。そういった場合には、まず、結果系か原因系なのかを区別する。結果系の数字をよく見てみる。その上で、原因系の数字を見てみる。また、初期的に得られた情報はたまたまその情報があっただけという可能性もありますので、さらに追加で必要になるデータはないのかといった視点ももっておく必要があります。

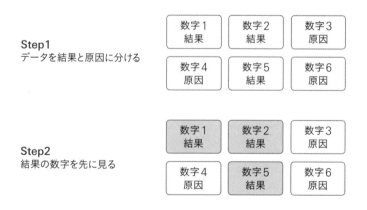

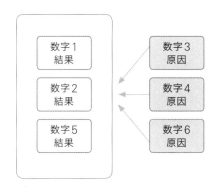

Step3
その上で
原因の数字とのつながりを見る

　様々な数字が、ネット上にも溢れています。どれが結果系でどれが原因系の数字なのか、そして、それらの関連性はどうなっているのかを意識しながら読み解いていくようにしましょう。

まとめ

- ☑ 結果系と原因系、2つの数字を意識しよう
- ☑ まず先に見るべきは結果系の数字である
- ☑ 結果系の数字の分解も怠らない
- ☑ その上で原因系の数字を見て解釈しよう
- ☑ 最初のデータはたまたまその状態であるということを理解しておこう

思考の軌跡を地図にする

分析は、思考の一連の流れです。分析をして、わかったことが
あって、それを踏み台にして、また調べて、分析をする……。し
かし、多くの場合、過去に何を調べたか、そして、何がわかった
かを忘れてしまいがちです。一連の思考の結果をきちんと今の思
考に反映させるためにはどうしたらよいのでしょうか。

あなたは、複数のレストランを経営する会社の営業管理の担当です。ある
店舗の今月の売上が芳しくないので、少し調査をしてみたところ、以下のよ
うな状況になりました。

売上	前月	今月
合計	100万円	90万円
新規	30万円	30万円
既存	70万円	60万円
既存・客数	35人	30人
既存・単価	2万円	2万円

表を見ると、新規の売上は問題ないのですが、既存の売上、それも、客数
が減っているということがわかりました。今月になって、変更したことが3
つあります。WEBのリニューアルをしたこと、料理長が変わったこと、そ
して、現場のオペレーションを変えたことです。そこで、3つの仮説を立て
てみました。

・WEBのリニューアルで逆に使い勝手が悪くなったのではないか
・食事がまずくなったのではないか
・接客品質が下がったのではないか

　さて、既存の客数が下がっている原因となりそうなものはどれでしょうか。

　ここで、改めて考えてみましょう。確かに既存の客数が減っているということが問題だったのですが、今、考えていることを図示すると、以下のようになっています。

　一方で、調べた過程において、わかっている情報が実はあります。それは、新規は問題がないということ、そして、既存の単価は減っていないということです。

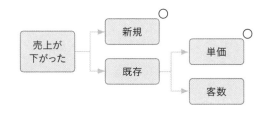

　新規が減っていない、既存の単価は減っていない、既存の客数が減っている。この3つの情報をもとにして、先ほどの3つの原因を考えてみましょう。

まず、WEBを考えてみましょう。使い勝手はリピート客にも影響を及ぼす可能性はありますが、これが原因であれば、新規の顧客も下がる可能性があります。しかし、新規には問題は起こっていません。

　次に、食事です。食事がまずくなっていると、確かにリピートにはつながらないかもしれません。一方で、既存の単価は減っていないということは、注文は減っていないということになります。そう考えると、食事がまずくなっているという訳ではないかもしれません。

　ここまで考えると、残るのは接客。これは、新規のお客さんには体感できない内容です。単価にも影響はないとは言いきれませんが、食事がまずくなったことと比べるとこちらの方が可能性は高そうです。

　このように、わかった情報をもとに原因を考えるということは重要ですが、実は変化がなかったという情報も重要な情報になるということです。

〖 POINT 〗

❶ 問題があった場所が何かを明確にする
❷ 問題がなかった場所も明確にする

---

❶ 問題があった場所が何かを明確にする

　分析を進める流れでわかった問題の流れを図示化しましょう。「売上低下→既存が低下→既存の客数が低下」です。表から理解したことをしっかりと見える化することが重要です。

❷ 問題がなかった場所も明確にする

　問題の流れが見える化できたら、そこに、問題がなかったことを追加しましょう。「新規は問題ない」「既存の単価は問題ない」の2つになります。

　既存の客数の低下ということだと、考えた3つの仮説はどれも可能性があります。

　一方で、新規と既存の単価には問題がないということがわかれば、サイトと食事は、可能性を下げて考えることができるということです。

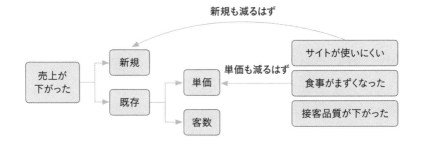

　得てして、安易に次のページの左図のように考えてしまうものですが、実

163

は問題がなかったということも考えていく上で重要な情報になるので、右図のように考えていくようにしましょう。

先ほどとは別の店舗を調べたところ、ランチタイムの女性の売上が芳しくないことがわかりました。「コンビニに流れているのではないか」「お弁当派が増えたのではないか」「競合店ができたからではないか」と3つの仮説を立ててみましたが、起こっている可能性の高いものはどれでしょう。

解答

まずは、問題があった場所が何かを明確にします。問題は、ランチの女性が不調ということでした。

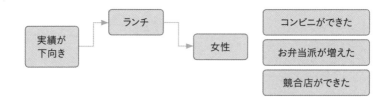

次に、問題がなかった場所も明確にします。ランチが問題ということは、夜の営業は問題がなかったということ、そして、ランチタイムの男性も問題がなかったということになります。問題がなかった場所も明確にすると以下になります。

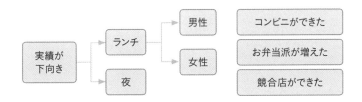

　ここで改めて、3つの仮説を考えてみましょう。コンビニに流れているのではという仮説は、あり得ることですが、それであれば、男性も減っている可能性があります。次に競合に流れているのではという仮説。これもあり得る仮説ですが、競合の影響ということであれば、夜にも影響が出てくる可能性があります。そうなると残りは、お弁当派が増えている。3つの中では、ランチの女性に特化して起こっている可能性が高いと考えられます。

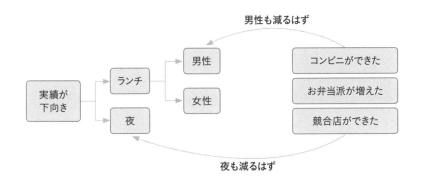

　ここまでは、新規と既存、単価と数量、ランチと夜、男性と女性と対の概念で考えてきましたが、あることとそれ以外という形でも、同様に考えることができます。例えば、東京に問題があるとわかったとします。東京にどんな理由があるのかという視点で考えることになりますが、もうひとつ重要なことは、東京以外には問題がないということです。東京だけに起こっていて、東京以外には起こっていないことは何かという視点で考えることができます。

また、時間軸においても同様です。例えば、昨年度に問題があるとわかる
と、その年度に何があったのかと考えていくことになります。一方で、その
年度以外には問題がなかったということでもあります。一昨年度以前には問
題ではなく、かつ、今年も問題はないということも情報にすることができる
ということです。

何が起こっているかは、まさに特徴的な傾向を探すために行うことです。
事象を特徴づけることによって、なぜそれが起こっているかの理由を考えや
すくするためです。

しかし、それだけではないことがわかります。**特徴づけられていないとい
うことも情報になるということです。**事象を調べた結果、何も得られなかっ
たから残念と考えるのではなく、その視点では問題がなかったということが
調べた価値になります。**問題がない理由も積極的に考えていくようにしま
しょう。**

ここまで説明したことをイメージにして、まとめておきます。**人の思考の
過程は、次図のように、いくつかの可能性を広げ、選択をするということを**

繰り返して進んでいきます。ただ、どういう過程を経て今に至っているかがきちんと理解できないものです。

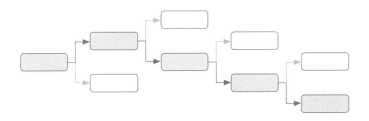

その結果あたかも、今いるところしか認識できていないという、下図の赤枠内のような状態になってしまいます。これでは、今どこにいるのかもわかりません。また、積みかさねてきたストーリーもわかりません。

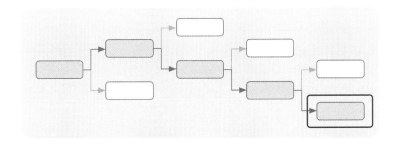

少なくとも辿ってきた流れがわかるよう以下の状態を意識しましょう。

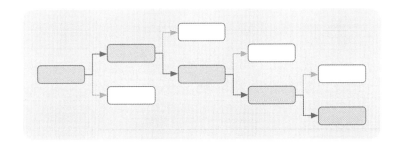

ただ、ストーリーが追えるだけだとまだ不十分です。選ばなかった情報も価値がありますので、どういう選択肢があり、どういう理由でその枝を選んだのかがわかるよう、全体像を常に意識するようにしましょう。そして、辿ってきた思考の軌跡を地図にし、可視化できるようにしましょう。

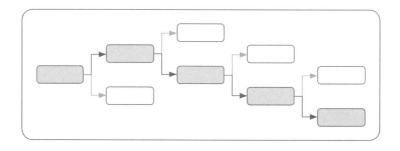

難しいのは思考が進むと、情報が増えてくることです。量的に押さえることが難しくなります。また、思考の経過、時間が進むこともあり、出発点に近いところの内容は忘れ去られる傾向にあります。「頭がいい」と言われる人には、実はこのキャパシティがあります。

どういう経緯でここまで辿りついているのかを情報量が増えても、また時間が経ったとしても押さえられるようにしていきましょう。そして、もち得ている情報と今起こっていることを突き合わせながら考えられるようにしていきましょう。

まとめ

- ✅ わかっていることの地図を書こう
- ✅ 選ばなかった情報にも価値がある
- ✅ 目の前の事象だけで判断しない
- ✅ 少なくともどのようなストーリーなのかわかるようにしよう
- ✅ 量と時間のハードルを乗り越えて全体像を押さえよう

メモを残しながら進む

先に進むためには、前提を置かなければ進めないこともあります。なぜなら、すべてを調べる時間と労力をかけられるとは限らないからです。逆に、知らず知らずのうちに自らの中で前提を置いてしまっていることもあります。では、後から、振り返れるよう、どんなふうにメモを残すといいのでしょうか。

前月と今月の売上を比べてみると、売上が10万円下がっていました。新規と既存に分けてみると、新規は30万円から26万円と4万円の減少、既存は70万円から64万円と6万円の減少、既存の方が額は大きいですが、新規も既存も両方減っているようです。

売上	前月	今月	差分
合計	100万円	90万円	−10万円
新規	30万円	26万円	−4万円
既存	70万円	64万円	−6万円

そこで、さらに、新規、既存ごとに単価、客数で分けて調べてみたところ、新規は単価は下がっていないものの客数が減っていることがわかりました。また、既存は、客数は増えているものの単価が下がっていることがわかりました。

売上		前月		今月		変化
		100万円		90万円		↓
新規	客数	30万円	15人	26万円	13人	↓
	単価		2万円		2万円	→
既存	客数	70万円	35人	64万円	40人	↑
	単価		2万円		1.6万円	↓

　そこで、もし、問題がなかったら売上がどの程度まで回復するのか調べてみることにしました。

　新規の客数が、前月の15人まで戻ると売上は94万円まで回復、既存の単価が前月の2万円まで戻るとすると客数が増えている影響もあって、106万円になることがわかりました。そこで、より影響の大きい既存の単価がなぜ下がっているのかを調べていくことにしました。

新規の客数が前月と同等だった場合

売上		前月		今月	
		100万円		94万円	
新規	客数	30万円	15人	30万円	15人
	単価		2万円		2万円
既存	客数	70万円	35人	64万円	40人
	単価		2万円		1.6万円

既存の単価が前月と同等だった場合

売上		前月		今月	
		100万円		106万円	
新規	客数	30万円	15人	26万円	13人
	単価		2万円		2万円
既存	客数	70万円	35人	80万円	40人
	単価		2万円		2万円

　ここまでの流れを地図とともにメモを残すと以下のようになります。

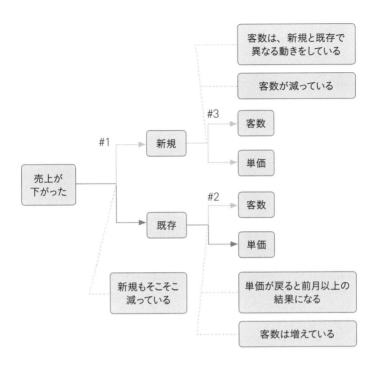

　やるべきことは、シンプルに1点。分岐点にメモを残すということです。メモの内容は、様々ですが、後から戻ってきた時に振り返れるように、大きく2つのポイントを意識するとよいでしょう。

　今回の例で考えると、まず、ひとつ目の分岐点は、新規か既存か。額の差は既存の方が大きかったですが、新規も減っていました。したがって、選ばなかった方がどうなっているかとして、「新規もそこそこ減っている」とい

うメモを残します。

2つ目の分岐点は、既存の客数と単価。単価を選ぶことにしたため、その理由として、「単価が戻るとほぼ回復するため」とメモを残します。また、選ばなかった客数については、「客数は増えている」と選ばなかった方がどうなっているかを残します。

実際に考える上で選択をした分岐点は以上ですが、新規の客数、単価についても、情報をもっていますので、それも残しておきましょう。新規については、単価は変わらず、客数が減っている状況でしたので、「客数が減っている」とメモを残します。そうすると、既存の客数は増え、新規の客数は減っているということになりますので、「新規と客数は違う動きをしている」ということも残します。

どこまでの情報をメモとして残すか判断が必要です。ただ、ある道を選択して先に進んだ結果、思うような結果が得られないこともあります。後から戻って考える際に、一から調べなくても済むようできる限り残すようにしましょう。

演習問題

今年度の新人の退職者数が、例年、4名だったところ、8名に増えてしまいました。原因を探るべく8名を支店ごとに分解したところ、8名のうち、5名がC支店からの退職者で、A、B支店は例年と差がないことがわかりました。

さて、C支店は確かに例年と比べて比率にすると5倍も増えていることになるので、何らかの問題はありそうです。このまま、C支店で退職者が増えた原因を調べて……ということに踏み込んでいきたいと考えています。さて、どんなメモを残しておくとよいでしょうか。

年度	採用数	1年以内の退職者数			
		計	A支店	B支店	C支店
一昨年度	100	4	2	1	1
前年度	100	4	2	1	1
当年度	100	8	2	1	5

退職者の増加 → A支店

退職者の増加 → B支店

退職者の増加 → C支店

???

解答

　C支店を中心に調べていくということは、A、B支店には問題はないということです。そうすると何をもって、A、B支店には問題がないと判断し、C支店には問題がありそうと判断しているのかをより丁寧に考えておく必要があります。

　C支店に問題がありそうだという根拠は、退職者が5名とA、B支店と比べて多いということです。ただ、5名で多いというためには、何か前提が必要ではないかと考える必要があります。

　まず、2名、1名、5名の比較によって、5名が多いというためには、A、B、C支店には大体同数の新人が配属されるという前提が必要です。極端ですが、A、B支店には10名の配属、C支店には80名の配属であったとすると、退職者の比率は、A、B支店の方が高くなってしまいます。C支店を問題視して進めるにあたっての前提をメモとして残しておきましょう。

退職者の増加 → A支店

退職者の増加 → B支店

退職者の増加 → C支店

同数が配属される

上手く進めるための「工夫」を考える

CHAPTER 5

このように、見えてきた状況に乗ってそのまま、思考を進めていきたくなりますが、知らず知らずのうちに前提を無意識において進めてしまうことがよくあります。したがって、**分岐点にきたら、進もうとしていることに対して「前提」を置いていないか、と自身に問いかける癖をつけておきましょう**。

　では、さらに進めて、Ｃ支店で退職者が多い理由を考えていくことにしました。給与、人間関係、福利厚生と洗い出してみました。いずれも辞める原因にはなりそうです。一方で、わかっていることはＣ支店に問題があるということですので、逆にＡ、Ｂ支店では問題はないということ。給与や福利厚生であれば、Ａ支店、Ｂ支店にも影響が出る可能性があるので、Ｃ支店固有の要素として、人間関係に問題があるのではと考え、さらに調査を進めることにしました。

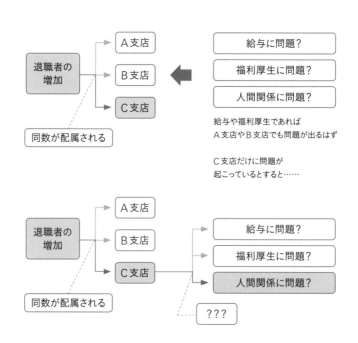

さて、ここでの分岐点にどのようなメモを残しておくとよいでしょうか。

まず、選んだ理由を書くということで、「特定の支店だけに起こっていそうなこと」をメモに残せます。他の前提は何かないでしょうか。

これらはすべて、入社後に行われている施策です。入社後に行われている施策に絞って原因を考えていってもいいという前提があるとすれば、それは、「人」が変わっていないということです。

入社の基準が変わっていて、これまでよりも辞めやすい人が採用され、配属されるようになってきているという可能性もなくはありません。そう考えると、全体の流れとメモは以下のように整理できそうです。

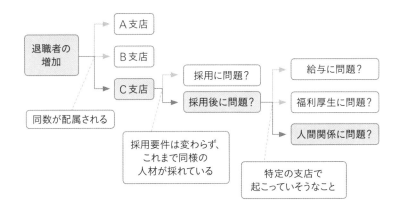

最後にメモが残っていることのメリットを確認しておきましょう。

● 検討のプロセスの中で参考にできる

ひとつは、検討のプロセスの中で参考にできることです。調べてきたことでわかったこと、そして、自身がもっている前提は何かが明記されているので、プロセスが進んだ際も絶えず、今わかった事実と整合がとれているかという視点でメモの情報が役に立ちます。

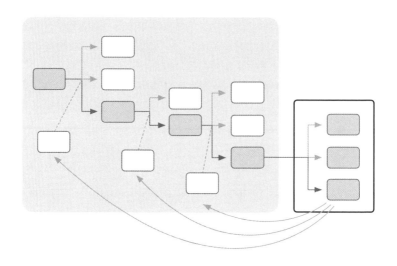

● 想定通りのものが見えてこなかった際に役立つ

　もうひとつは、どこまで戻ればいいのかがわかることです。調べていった結果、上手く想定通りのものが見えてこないことや調べてみても問題がなかったということも起こり得ます。そのような場合にメモが残っていると、どういう流れで今の結論になっているのか、そこで置いていた前提が何なのか、選ばなかった枝は何なのかがわかるため、軌道修正もしやすくなるからです。

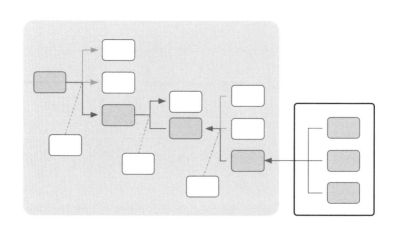

実際のビジネスにおいても、一直線に問題解決プロセスが最後まで流せるとは限りません。調べてわかった範囲で前提を置いて、先に進み、進んだ先で新たな情報がわかる。そこで、戻って考える必要が出てくる、行って戻っての繰り返しです。

　「何がわかったか」は勿論、「何はわからなかったのか」、「どんな前提を置いたのか」、「選択しなかった理由」、「選択しなかった先には何があったか」など、その都度明らかになったことをメモに残しながらプロセスを進められるようにしていきましょう。

まとめ

- ✓ メモを残すのは「分岐点」
- ✓ 選んだ理由を残そう
- ✓ 選ばなかった先に何があったかをメモに残そう
- ✓ 無意識に前提を置いていないかと自分に問いかけよう
- ✓ メモはすぐには役立たないかもしれないが後のプロセスで役立つ

起こったことから判断する

調査をして、わかった結果をもとにさらに調査をする、というアプローチは重要です。一方で、すべての調査を全部実施できるとは限りません。わかった範囲で、何が起こっているかを推測し、次につなげていく、ベイズ推定というアプローチが今注目されています。ベイズ推定とは、どんな考え方なのでしょうか。

　臨時の学生アルバイトを募集したところ多くの希望者があり、スタッフ何名かで面接を受け持つことになりました。一人あたり3名、ランダムに分担されました。3名分の履歴書を受け取ったあなた、たまたま取り出した履歴書は、女性でした。さて、ここで考えてみましょう。あなたが受け持つことになった3名が、すべて女性である確率はどのくらいでしょうか。前提として、男女同数の応募があったとします。

　すべての場合を洗い出してみましょう。3名を便宜上、A、B、Cとすると、すべての場合は、以下のようになります。

	A	B	C
ケース1	男性	男性	男性
ケース2	男性	男性	女性
ケース3	男性	女性	男性
ケース4	女性	男性	男性
ケース5	男性	女性	女性
ケース6	女性	男性	女性
ケース7	女性	女性	男性
ケース8	女性	女性	女性

あなたがたまたま取り出した履歴書が女性だったので、先述の中から女性を選ぶ場合は、以下の12通りということになります。（便宜的に番号をつけています）

	A	B	C
ケース1	男性	男性	男性
ケース2	男性	男性	女性　1
ケース3	男性	女性　2	男性
ケース4	女性　3	男性	男性
ケース5	男性	女性　4	女性　5
ケース6	女性　6	男性	女性　7
ケース7	女性　8	女性　9	男性
ケース8	女性　10	女性　11	女性　12

では、最後に、取り出した履歴書が、どの履歴書だったか、ということから、整理してみましょう。

取り出した履歴書が、女性1から女性3の場合は、それぞれ、ケース2、3、4となり、これらはいずれも女性が1名という状態です。取り出した履歴書が、女性4、5の場合は、ケース5、女性6、7の場合はケース6、女性8、9の場合は、ケース7、いずれも女性が2人という状態です。そして、女性10から女性12であった場合は、ケース8、女性が3名という状態になります。

履歴書	ケース	状態
女性1	2	女性が1名
女性2	3	
女性3	4	
女性4	5	女性が2名
女性5	5	
女性6	6	
女性7	6	
女性8	7	
女性9	7	
女性10	8	女性が3名
女性11	8	
女性12	8	

たまたま選んだ履歴書が女性であったということは、履歴書が女性1から女性12の12通りの可能性があったということになります。その履歴書が、女性が3名いる状態から選ばれるのは、ケース8の場合であり、3通り。したがって、その確率は、3 ÷ 12 = 0.25ということになります。

〖 POINT 〗

❶ 起こり得る事象をすべてあげる
❷ 起こった事象がどの程度発生するか数える
❸ 調べたい事象に当てはめる

❶ 起こり得る事象をすべてあげる

　まず、起こり得る事象を洗い出しましょう。

	A	B	C	状態	
ケース1	男性	男性	男性	男性3	女性0
ケース2	男性	男性	女性	男性2	女性1
ケース3	男性	女性	男性		
ケース4	女性	男性	男性		
ケース5	男性	女性	女性	男性1	女性2
ケース6	女性	男性	女性		
ケース7	女性	女性	男性		
ケース8	女性	女性	女性	男性0	女性3

　今回のケースで最終的な状態だけを考えると、男性と女性の人数、それぞれ（男性の人数、女性の人数）で表すと、(3名、0名)(2名、1名)(1名、2名)(0名、3名)の4通りになります。ただ、上表からもわかるように、

3名が男性の場合は、1通り
2名が男性の場合は、3通り
1名が男性の場合は、3通り
0名が男性の場合は、1通り

となり、同じ確率にはなりません。

コインを3回投げて、3回とも表になる確率と、コインを3回投げて、2回が表になる確率は、後者は前者の3倍ということを考えるとイメージがしやすいでしょう。全体の事象をきちんと洗い出すことを心がけましょう。

❷ 起こった事象がどの程度発生するか数える

全体の事象が洗い出せたら、今回起こった事象がどれだけ発生するかを数えます。見落としのないように丁寧に確認していきましょう。

❸ 調べたい事象に当てはめる

最後に調べたい事象が起こる確率を求めましょう。今回の場合、たまたま取り出した1通が女性であった場合に、3名全員が女性である確率を求めることになりますので、調べたい事象は、3通り、女性の履歴書が取り出される場合は、全部で12通り、よって3 ÷ 12 ＝ 0.25となります。

他の場合も同様に計算をすると、女性が1名だけの場合も3通りになりますので、その確率は3 ÷ 12 ＝ 0.25。女性が2名の場合は、6通りになるため、その確率は、6 ÷ 12 ＝ 0.5となります。

演習問題

> では同様に、一人の割り当てが4名だったときに、たまたま取り出した1通が女性であった場合、あなたの割り当てられた面接者が、男性2名、女性2名である確率を考えてみてください。

解答

4名を先ほどと同様に、便宜上、A、B、C、Dとします。起こり得る事象は、以下の16通りになります。

上手く進めるための「工夫」を考える

	A	B	C	D	状態	
ケース1	男性	男性	男性	男性	男性4	女性0
ケース2	男性	男性	男性	女性	男性3	女性1
ケース3	男性	男性	女性	男性		
ケース4	男性	女性	男性	男性		
ケース5	女性	男性	男性	男性		
ケース6	男性	男性	女性	女性	男性2	女性2
ケース7	男性	女性	男性	女性		
ケース8	男性	女性	女性	男性		
ケース9	女性	男性	男性	女性		
ケース10	女性	男性	女性	男性		
ケース11	女性	女性	男性	男性		
ケース12	男性	女性	女性	女性	男性1	女性3
ケース13	女性	男性	女性	女性		
ケース14	女性	女性	男性	女性		
ケース15	女性	女性	女性	男性		
ケース16	女性	女性	女性	女性	男性0	女性4

女性が選ばれる場合を数えると32通りになります。(便宜的に番号をつけています)

	A	B	C	D
ケース1	男性	男性	男性	男性
ケース2	男性	男性	男性	女性1
ケース3	男性	男性	女性2	男性
ケース4	男性	女性3	男性	男性
ケース5	女性4	男性	男性	男性
ケース6	男性	男性	女性5	女性6
ケース7	男性	女性7	男性	女性8
ケース8	男性	女性9	女性10	男性
ケース9	女性11	男性	男性	女性12
ケース10	女性13	男性	女性14	男性
ケース11	女性15	女性16	男性	男性
ケース12	男性	女性17	女性18	女性19
ケース13	女性20	男性	女性21	女性22
ケース14	女性23	女性24	男性	女性25
ケース15	女性26	女性27	女性28	男性
ケース16	女性29	女性30	女性31	女性32

調べたい事象は、男性2名、女性2名の場合。ケース6から11が該当します。

	A	B	C	D
ケース1	男性	男性	男性	男性
ケース2	男性	男性	男性	女性1
ケース3	男性	男性	女性2	男性
ケース4	男性	女性3	男性	男性
ケース5	女性4	男性	男性	男性
ケース6	男性	男性	女性5	女性6
ケース7	男性	女性7	男性	女性8
ケース8	男性	女性9	女性10	男性
ケース9	女性11	男性	男性	女性12
ケース10	女性13	男性	女性14	男性
ケース11	女性15	女性16	男性	男性
ケース12	男性	女性17	女性18	女性19
ケース13	女性20	男性	女性21	女性22
ケース14	女性23	女性24	男性	女性25
ケース15	女性26	女性27	女性28	男性
ケース16	女性29	女性30	女性31	女性32

　この中から女性の履歴書が選択されるのは、女性5から女性16までの12通りです。よって、男性2名、女性2名となる確率は12 ÷ 32 = 0.375となります。

 STEP UP!

　4人の割り当ての場合、たまたま取り出した履歴書が女性であった場合、男性2名、女性2名である確率を先ほどは計算しましたが、その他の場合の確率を出しておきましょう。同様の計算をすると、以下のようになります。

男性4名女性0名である確率　　0
男性3名女性1名である確率　　4 ÷ 32 = 0.125
男性2名女性2名である確率　　12 ÷ 32 = 0.375
男性1名女性3名である確率　　12 ÷ 32 = 0.375
男性0名女性4名である確率　　4 ÷ 32 = 0.125

今回は、たまたま取り出した履歴書が女性だった場合の確率を考えましたが、男性と女性の人数構成がそもそもでどうなるかを計算すると以下のようになります。

男性4名女性0名である確率　　$1 \div 16 = 0.0625$

男性3名女性1名である確率　　$4 \div 16 = 0.25$

男性2名女性2名である確率　　$6 \div 16 = 0.375$

男性1名女性3名である確率　　$4 \div 16 = 0.25$

男性0名女性4名である確率　　$1 \div 16 = 0.0625$

もともとの状態を事前確率、途中で追加された情報、情報が得られた結果算出した確率を事後確率としてまとめると以下のようになります。

状態		事前確率	情報	事後確率
男性4	女性0	$1 \div 16 = 0.0625$		0
男性3	女性1	$4 \div 16 = 0.25$		$4 \div 32 = 0.125$
男性2	女性2	$6 \div 16 = 0.375$	女性が 1名含まれる	$12 \div 32 = 0.375$
男性1	女性3	$4 \div 16 = 0.25$		$12 \div 32 = 0.375$
男性0	女性4	$1 \div 16 = 0.0625$		$4 \div 32 = 0.125$

左から読み解いていきましょう。男性、女性の構成比は、情報が何もないと、事前確率のようになります。そこに「女性が1名含まれる」という情報が加わると、男性、女性の構成比は、事後確率のように考えられることになります。つまり、情報が加わることによって、確率が変化するということです。また、情報が加わるということは、不確実だった状態から「ひとつ」確実な情報が加わることで、精度が上がっていくと捉えることができます。この考え方が「ベイズの推定」と言われるアプローチになります。

このアプローチは、次のような場合にも適応できます。少し考えてみてください。

ここに、同じ黒い布でできた不透明袋が100袋あり、そのうちの20袋に金

貨が入っていると仮定します。そして、この袋を開けずに、金貨が入っているかを判別する装置があるとします。この装置の実力は次の通りです。

・金貨が入っている時は、90％の確率でそれを正しく判別することができます
・金貨が入っていない時も、95％の確率でそれを正しく判別することができます

　さて、今、100袋の中から1つの袋を取り出し、この装置で金貨が入っているかどうかを判別させたところ、入っていると判断をしました。さて、この袋に本当に金貨が入っている確率はいくらでしょうか。

　考えやすくするために、100袋全部をこの装置に判別させてみることにしましょう。
　まず、金貨の入っている20袋について、装置に判別をさせると、90％の確率で正しく判別することができるということは、20×90％＝18袋については、入っているという判断をすることになります。
　一方で、10％は間違えてしまうということなので、2袋については、金貨が入っているにもかかわらず、入っていないと判断をしてしまうということになります。

　次に、金貨の入っていない80袋について、同様に装置に判別をさせると、95％の確率で正しく判別することができるということは、80×95％＝76袋について、入っていないという判断をすることになります。一方で、5％は間違えてしまうということは、4袋については、金貨が入っていないにもかかわらず、入っていると判断してしまうことになります。

　全体を整理すると以下のようになります。

本当に	入っている	20
	入っていない	80

予測	
入っている	入っていない
18	2
4	76

　よって、金貨が入っているとこの装置が判断するすべての場合は、18 ＋ 4 ＝ 22回ということになります。このうち本当に金貨が入っているのは、18回、よって、その確率は、18 ÷ 22 ＝ 約0.82となります。

　もともとは100袋のうち、20袋にしか金貨は入っていない状態でしたので、あてずっぽうで入っているか入っていないかを決めるとすれば、入っている確率は20％、それが、この装置を利用することで、約4倍の82％に上げることができたということです。

事前確率		情報		事後確率
20%		入っている（判別装置）		82%

　さて、ここまで、金貨が入っているかどうかを判別する装置として、説明をしてきましたが、この装置は例えば次のように考え直すこともできます。

・画像データから病気があるかどうかを判別するAI
・写真から問題箇所があるかどうかを判別するAI
・文字情報から内容を読み取るAI
・明日の天気を予想するAI

　必ずしもAIである必要はありませんが、100％ではないもののある一定の精度で結論を出してくれるものの存在は我々の身近に多く存在します。AIが判定した結果をどう解釈すればよいかを考える際に応用していくことができます。
　仮の確率を置き、得られた情報をもとに、仮の確率を上書きしていくというアプローチは、先が読めない中では有効と言われています。前述の通り、

AIの出した結果を解釈する際などにも使えますし、そもそもAIで使われる機械学習などの背後にもある考え方ですので、興味がある人はぜひ調べてみることをお勧めします。

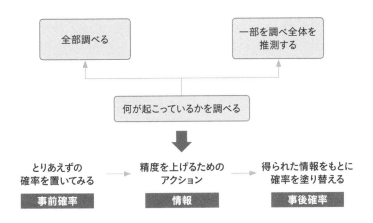

まとめ

- ☑ 事前確率を置いて、得られた情報をもとに、確率を更新するというアプローチがある
- ☑ どういう場合があるかを洗い出そう
- ☑ その中で、該当するケースを確認しよう
- ☑ 全体の場合の数と該当するケースから確率を求めよう
- ☑ AIの背景にもある考え方で、今日的なアプローチなので覚えておこう

では最後に卒業試験です。

> 問題解決を行う上での、難所は何かを考えてください。

　ビジネスの実際の現場では、様々な情報が目の前に現れることになります。そのような状況に直面すると、情報間の関係性を紐解きたくなるものです。そして例えば、「Dが問題で、実際には、Bが起こっていて、それは、Iが理由になっているからだ」とまさに問題解決的に解釈をしようと試みます。

関係性を見つけ出したくなる

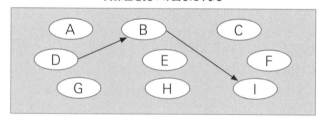

　しかし、さらに考えてみると、例えば、「Aが問題で、実際には、Eが起こっていて、それは、Iが理由になっているからだ」という他の解釈が成り立つことにも気が付きます。
　また、「Gが問題で、実際には、Hが起こっていて、それは、Cが理由になっているからだ」という可能性もあるかもしれないといろいろと考えが広がり、その結果、収拾がつかなくなってきてしまいます。

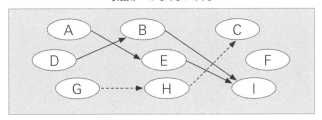

収拾がつかなくなってくる

あえて極端に表現をしましたが、実際に起こりうることです。

　そうなってしまう理由は、**異なる情報が複数同時に与えられた際に、それ**
ら複数の情報を同時に処理し、さらに、一気に結論を出そうと考えてしまう
ことにあります。つまり、問題解決における難所は、複数存在する情報を上
手く処理できないことです。

　そこで、この難所も踏まえ、これから実践で使っていくにあたって、何を
意識すればよいかを押さえておきましょう。ポイントは3つです。

❶ 大通りを作る
　複数存在する情報を上手く処理するためのポイントは、まさに、今回紹介
してきたプロセスを丁寧に踏むことです。

・何が問題なのか、出発点を丁寧に定めること
・何が起こっている事象なのかを丁寧に押さえること
・そして、何が理由なのかをきちんと考えること

　解決策を考える前にこの手順を踏み、まず、「中心となる大きな流れ＝大
通り」をしっかりと作ることを心掛けましょう。

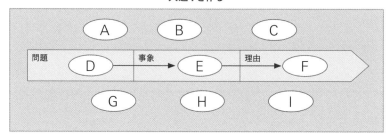

大通りを作る

ここで大切なことは、先取りしないことです。ついつい、**最後の理由、「なぜだろう」を考えたくなるものですが、思考のプロセスをきちんと分けることが重要です。**問題が何かを考えている間は、理由について考えることは、我慢して頭の片隅においておく。何が起こっているかを考えているときは、何が起こっているかを解明することに集中することが重要です。

もうひとつが、大通りと脇道をわけて考えること。どうしても色々なことが気になって、複数の問題を同時に扱ったり、本当は関連性がないことを勝手な解釈で関連付けたりと難しく考えてしまいます。**ひとつの問題を出発点にしたら、その問題に対する大通りをまずひとつきちんと通すことに専念しましょう。**大通りをひとつ作った後で、気になっていた脇道が、大通りに対してどのような関係性を持つのかを考えるようにしましょう。

❷ 回転数で勝負する

次に、スピードか精度かという視点で考えておきましょう。精度は不十分でもスピードを優先する、もしくは、スピードは犠牲にしても精度を優先する、どちらが良いのかをあえて考えてみます。

答えは、スピードです。理由は、いくつかあります。まず、環境変化が激しいため、どうなるかが実際にわからないということがあります。精度を追いかけようとしてもわからないということです。また、時間をかけて調べることになると調べた際の前提がそもそもで変わってしまうということが考え

られるからです。

　逆に、スピードを優先し、まず、実施してみることのメリットがあります。それは、やってみないとわからないことがあること、そして、やってみた経験そのものが次に活かせる可能性が高いということです。時間をかけて解決策の精度を高めるよりも、そこそこ良さそうな解決策をスピードをもって2回実施する、回転数で勝負するということを心掛けるようにしましょう。

【これまで＝しっかり型】

△ 分析の間に環境が変わる
△ 分析の間に前提が変わる

【これから＝回転数型】

○ 経験から得られる知見
○ やってみてわかる情報

時間をかけてアクションの精度を高めるよりも
そこそこ良さそうなアクションをスピードをもって2回実施しよう

❸ 未来の因果を作る

　本書では、問題解決にテーマを絞って、話を進めてきました。大きなプロセスは、4つです。問題をしっかりと押さえ、そして、事象を押さえ、理由を押さえ、そして解決策を考えるということでした。最後に、解決策の後のことを考えておきましょう。

　解決策は、何のために実施するのかと言うと、問題を解決するためです。問題を解決するということは、少し見方を変えるとこうあったらいいと考える未来の状態を創っていこうとすることとも言えます。そう考えると、ありたい未来の結果を創るために今、なんらかの手を打っている、そうすると今

の打ち手＝解決策は、未来の結果に対する原因になるということです。

　つまり、我々が日々何をすればよいのかと解決策を考え、行動していることは、未来に対して因果関係を創っていこうという営みと捉えることができます。過去起こったことに対して、なぜそれが起こったのかを分析することも重要ですが、過去は変えられません。

　一方で、未来へ向けた因果関係については、今の打ち手を変えれば、未来の結果は変えられるということです。つまり、**今の打ち手をさぼらずに変え続けることができれば、未来は変え続けることができる**ということです。本書で紹介した問題解決を是非ありたい未来を創るために使っていってください。

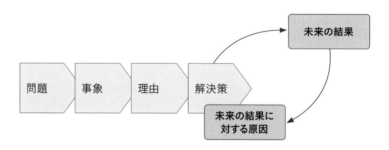

あとがき

　『入社1年目から差がつく ロジカル・シンキング練習帳』の出版から1年、奇しくも今回も3回目の緊急事態宣言下、1年経てば通常に戻っているだろうという読みも甘く、今日に至っています。

　一方で、見方を変えると歴史的な事象であることは間違いありません。落ち着くまでに、後どれだけの時間を要するのかはわかりませんが、これまでの延長線上にはない日常が待っていることも明白です。そんな新たな未来へ向けて様々な問題解決に当たっていかなければならない時期に、このテーマで書く機会を頂けたことに感謝申し上げます。

　「問題解決」は、一連のプロセスになるため、上手く表現できるだろうかということが最初に話を頂いたときに頭をよぎったことでした。ただ、『ロジカル・シンキング練習帳』の中で紹介をさせてもらった内容以外にも、日々過ごすクラスの中で伝えていることがいくつかあったことも事実です。問題解決のプロセスを整理しながら、結果的には『ロジカル・シンキング練習帳』の姉妹版として、まとめることができたのではないかと考えています。

　どれだけ、なるほど感を持って頂けたかは、みなさんに委ねる形となりますが、ひとつでもふたつでも今後へつながる頭の使い方のヒントをご案内できていると幸いです。

　最後に、今回も、そしてコロナ禍にもありながら、読み手の立場からどうあるといいのかという視点で丁寧にサポート頂いた東洋経済新報社の若林千秋氏、数々の出版経験を踏まえアドバイスをしてくれた同僚の嶋田毅氏、そして、日々のクラスの中で思考を重ねている仲間に感謝の意を述べ、筆をおきたいと思います。

令和3年5月

[参考図書]

伊藤公一朗著
『データ分析の力　因果関係に迫る思考法』光文社新書、2017年

グロービス著、鈴木健一執筆
『定量分析の教科書』東洋経済新報社、2016年

グロービス経営大学院著
『改訂3版　グロービスMBAクリティカル・シンキング』ダイヤモンド社、2012年

齋藤嘉則著
『新版　問題解決プロフェッショナル』ダイヤモンド社、2010年

高田貴久・岩澤智之著
『問題解決』英治出版、2014年

照屋華子・岡田恵子著
『ロジカル・シンキング』東洋経済新報社、2001年

中室牧子・津川友介著
『原因と結果の経済学』ダイヤモンド社、2017年

福澤英弘著
『定量分析実践講座』ファーストプレス、2007年

子供の科学編集部編、涌井良幸著
『統計ってなんの役に立つの?』誠文堂新光社、2018年

渡辺健介著、matsu(マツモト ナオコ) イラスト
『世界一やさしい問題解決の授業』ダイヤモンド社、2007年

【著者紹介】
グロービス

1992年の設立以来、「経営に関する『ヒト』『カネ』『チエ』の生態系を創り、社会の創造と変革を行う」ことをビジョンに掲げ、各種事業を展開している。
グロービスには以下の事業がある。
●グロービス経営大学院
　・日本語（東京、大阪、名古屋、仙台、福岡、オンライン）
　・英語（東京、オンライン）
●グロービス・マネジメント・スクール
●グロービス・コーポレート・エデュケーション
　（法人向け人材育成サービス／日本、上海、シンガポール、タイ）
●グロービス・キャピタル・パートナーズ（ベンチャーキャピタル事業）
●グロービス出版（出版／電子出版事業）
●GLOBIS知見録／GLOBIS Insights（オウンドメディア、スマホアプリ）
その他の事業
●一般社団法人G1（カンファレンス運営）
●一般財団法人KIBOW（震災復興支援活動、社会的インパクト投資）
●株式会社茨城ロボッツ・スポーツエンターテインメント（プロバスケットボールチーム運営）

【執筆者紹介】
岡　重文　（おか　しげふみ）

グロービス経営大学院教授。京都大学大学院工学研究科応用システム科学専攻修士課程修了。工学修士。NTTデータに入社。プライスウォーターハウスクーパースを経て、2000年、グロービスに入社。企業研修担当、e-Learning事業の立ち上げに関与したのち、経営管理本部にて、情報システム部門ならびに人事・総務を統括。現在は、ファカルティ本部にて、コンテンツの開発や講師の育成業務に関わる。思考領域の責任者。著書に、『ロジカル・シンキング』（PHP研究所）、『入社1年目から差がつく　ロジカル・シンキング練習帳』（東洋経済新報社）。

入社1年目から差がつく　問題解決練習帳

2021年8月12日発行　第1刷発行
2022年5月12日発行　第2刷発行

著　　者——グロービス
執筆者——岡　重文
発行者——駒橋憲一
発行所——東洋経済新報社
　　　　　〒103-8345　東京都中央区日本橋本石町 1-2-1
　　　　　電話＝東洋経済コールセンター　03(6386)1040
　　　　　https://toyokeizai.net/
装　丁………成宮　成［dig］
ＤＴＰ………dig
印　刷………広済堂ネクスト
編集担当……若林千秋
©2021 Globis Corp.　　　Printed in Japan　　　ISBN 978-4-492-53441-0